Arnold Edward Ortmann

**Crustaceen**

Arnold Edward Ortmann

**Crustaceen**

ISBN/EAN: 9783743348172

Hergestellt in Europa, USA, Kanada, Australien, Japan

Cover: Foto ©ninafisch / pixelio.de

Manufactured and distributed by brebook publishing software (www.brebook.com)

Arnold Edward Ortmann

**Crustaceen**

# Crustaceen.

Bearbeitet von

## Dr. A. Ortmann.

Abdruck
aus SEMON, Zoologische Forschungsreisen in Australien und dem malayischen Archipel.

Verlag von Gustav Fischer in Jena.
1894.

# Fundorte der von R. Semon
## in den Jahren 1891 1893 gesammelten Thiere.

**1) *Burnett-River District. Queensland. 24'—26° S. B., 150'—152° O. L. von Gr.***
Es wurde am Mittellauf und Oberlauf des Burnett und an seinen Nebenflüssen Barambah Creek, Aranbanga Creek, Boyne River, Auburn River, St. Johns Creek, Three Moon Creek gesammelt: vorwiegend in der Gegend von Coonambula, Cooranga und bei Gayndah.
(August 1891 bis Januar 1892. Juli bis October 1892.)

**2) *Hinterland von Cooktown. Queensland. 15° S. B., 145° O. L. von Gr.***
Bergland am Endeavour River, Annan River, Oaky Creek.
(Juni 1892.)

**3) *Torresstrasse bei Thursday Island. 10'—11° S. B., 142'—143° O. L. von Gr.***
Seethiere wurden gesammelt in den Meerestheilen um Thursday Island und den Nachbarinseln (Prince of Wales Gruppe), ferner noch bei Double Island und Strait Island und an der Küste des Festlandes (Cap York, Jardine River). Die Landthiere stammen fast ausnahmslos von Thursday Island. Die Süsswasserschnecke Pseudopotamis semoni Martens wurde auf Hammond Island gefunden.
(Februar und März 1892.)

**4) *Neu-Guinea. Südostküste von Cap Possession bis zum Ostcap. 9°—11° S. B., 146'—151° O. L. von Gr.***
Der grösste Theil der Sammlungen stammt von Roro (Jule Island) und dem benachbarten Festland, von Hula, Aroma, South Cape Suau und dem gegenüberliegenden Festland) und dem nordöstlichen Teil der Milne Bay bis zum Ostcap. Eine Anzahl Paradiesvögel stammt vom Nordwesten von Neu-Guinea, was an der betreffenden Stelle besonders hervorgehoben werden wird.
(April und Mai 1892.)

**5) *Insel Ambon. 3° 41' S. B., 128° O. L. von Gr.***
Es wurde gesammelt in der Aussen- und Innenbai von Amboina, in der Bai von Baguala und der Bai von Waai sowie an den Küsten dieser drei Baien.
(Januar und Februar 1893.)

**6) *Westjava. Buitenzorg, 6° 35' 44" S. B., 106° 47' 22" O. L. von Gr.*, etwa 275 Meter über dem Meere. *Tjibodas*, 1425 Meter über dem Meere auf halber Höhe des Vulkans Gedeh.**
(November, December 1892, März 1893.)

Ausserdem wurden noch vereinzelte Exemplare auf Celebes (Menado, Gorontalo), Ternate und Batjan gesammelt. Plankton auch bei Banda, Makassar, Surabaya, Samarang, Penang und im Ganges bei Benares.

# Crustaceen

bearbeitet von

# Dr. A. Ortmann.

Mit Tafel I–III.

Die Hauptmasse der von Herrn Professor Dr. SEMON gesammelten Crustaceen stammt von Amboina, eine weitere grosse Anzahl von der Thursday-Insel. Von anderen Lokalitäten (Java, Celebes, Neu-Guinea, Queensland) sind nur wenige Formen vorhanden. Die gesammten marinen Formen gehören der Indo-Pacifischen Litoralfauna[1] an.

Im Winter 1890—91 hatte ich Gelegenheit, die Indo-Pacifische Crustaceenfauna aus eigner Anschauung kennen zu lernen, und zwar an der ost-afrikanischen Küste auf der Strecke von Zanzibar bis Mikindani, besonders in der Umgegend von Dar-es-Salaam. Ich richtete damals meine besondere Aufmerksamkeit auf das Vorkommen der einzelnen Krebsformen, auf die Facies ihrer Wohnplätze, auf die Umgebung und die Gesellschaft, in der sie leben. Da einerseits auf diese Verhältnisse bisher wenig Rücksicht genommen wurde, andererseits von den von mir dort beobachteten und gesammelten Formen manche identische und viele verwandte sich auch unter dem von Professor SEMON gesammelten Material finden, so ergaben sich eine Anzahl Beziehungen, auf die ich bei der Bearbeitung des letzteren Materials eingehen musste. Beziehungen, die in Zusammenhang stehen mit der Thatsache, dass eine in den wesentlichsten Zügen gemeinsame Litoralfauna sich von der Ost-Küste Afrikas bis weit in den Pacifischen Ocean hinein erstreckt. Ich habe deshalb im Folgenden, mit Zustimmung von Herrn Professor SEMON, beide Sammlungen gemeinsam bearbeitet. Hierzu kommt noch eine kleine Anzahl Crustaceen, die die zoologische Sammlung zu Strassburg von Port Elisabeth (Capland) erhielt, die an und für sich recht interessant ist und besonders für die Begrenzung der Indo-Pacifischen Fauna nach Süden von Wichtigkeit wurde.

Die einzelnen Formen der Decapoden führe ich in derselben Reihenfolge auf, die ich bei meinen Arbeiten über die Decapoden-Krebse des Strassburger Museums (Zoolog. Jahrb. Bd. V. 1890 u. folg.) eingehalten habe. Ich habe es mir besonders angelegen sein lassen, bei neuen und weniger bekannten Formen die verwandtschaftlichen Beziehungen klar zu legen und meist dazu die Form von Tabellen (Schlüsseln) angewendet. Durch dieses Verfahren hoffe ich mir den Dank der Fachgenossen zu verdienen, da es jedenfalls unzweifelhaft ist, dass in dieser Weise allein die zahlreichen früher beschriebenen Formen kritisirt werden können. Die Möglichkeit der Anfertigung von Tabellen ist geradezu eine Probe darauf, ob die beschriebenen Formen in der Weise charakterisirt worden sind, dass man sie unter die „bekannten" Arten einreihen kann.

Diese kritische Sichtung des Crustaceen-Systems ist eine unerlässliche Vorbedingung dafür, dass die geographische Verbreitung in richtiger Weise gewürdigt wird. Jedenfalls ist es klar, dass dadurch, dass verschiedene Arten unter einem Namen zusammengeworfen werden, oder dadurch, dass eine Art unter verschiedenen Namen aufgeführt wird, falsche Bilder über die geographische Verbreitung gewonnen werden. Aber nicht nur die Kritik des schon Bekannten ist für den Ausbau der marinen Thiergeographie von Wichtigkeit, sondern auch die Erkenntniss der Verwandtschaftsbeziehungen der einzelnen Formen. Es genügt durchaus nicht, zu konstatiren, dass hier diese, dort jene Form vorkommt, sondern es ist nothwendig, dass man ein Urtheil darüber gewinnt, ob diese Formen in näherer Beziehung zu einander stehen oder nicht.

Schliesslich ist es für thiergeographische Studien ein weiteres Erforderniss, die Faunen bestimmter Lokalitäten möglichst genau zu kennen, und diese Kenntniss wird nur durch fortgesetztes Sammeln erreicht werden können. Insofern muss es mit Freuden begrüsst werden, dass die SEMON'schen Sammlungen aus im Grossen und Ganzen gut bekannten Gebieten herrühren, da man aus ihnen die Ueberzeugung gewinnt, dass es selbst in diesen gut bekannten Gegenden noch manche systematische und thiergeographische Neuheiten giebt, welche bisher den Sammlern entgangen waren. Jeder einzelne derartige Fund kann unter Umständen von Wichtigkeit werden, und wir werden im Folgenden verschiedene Beispiele dafür kennen lernen.

---

[1] J. WALTHER, Bionomie des Meeres, 1893, p. 13 f. u. p. 87 f. bezeichnet neuerdings als „Litoral" diejenigen Theil des Festlandes, welcher in meteorologischer oder bionomischer Beziehung zum Meere steht und denjenigen Theil des Meeresgrundes, welcher bei Ebbe trocken liegt, während er den übrigen Theil des sonst „Litoral" genannten Bezirks als „Flachsee" bezeichnet. Ich wende hier Litoral stets in dem herkömmlichen Sinne an, da die WALTHER'sche Neuerung keine glückliche ist indem künstliche Grenzen konstruirt werden und die in der Natur gegebenen Hauptgrenzen, besonders die zwischen marinen und festländischen Lebensbezirken vernachlässigt werden. Das „Litoral" im älteren Sinne umfasst WALTHER's „Flachsee" und die „Schorre", d. h. den Theil des Meeresgrundes, der bei Ebbe trocken fällt.

### Mikindani.
Sesarma erythrodactyla HESS.
Plagusia immaculata LAM.
Leiolophus abbreviatus DAN.)
Lepas anatifera L.
Balanus tintinnabulum L.
Tetraclita porosa (L.
Pho.richilus meridionalis BÖHM.

### Lindi.
Coenobita compressus M.-E.
Cardisoma carnifex HBST.)
Gelasimus cultrimanus WH.
G. urvillei M.-E.
G. inversus HOFFM.
G. annulipes M.-E.

### Songa-Songa-Insel.
Ocypode kuhli D. H.
O. ceratophthalma (PALL.)

### Zanzibar.
Gelasimus annulipes M.-E.

## III. Port Elisabeth.

Scyllarus elisabethae ORTM.
Gebia africana ORTM.
Pseudodromia latens STIMPS.
Mursia cristata LATR.
Hymenosoma orbiculare DESM.

Acanthonyx dentatus M.-E.
Maja squinado (ROND.)
Portunnus pulchellus (MACL.)
Platyonychus bipustulatus M.-E.
Pilumnus infraciliaris ORTM.

Lophozozymus dodone (HBST.
Eriphia smithi MACL.
Cyclograpsus punctatus M.-E.
Ocypode kuhli D. H.
O. ceratophthalma (PALL.

## Neu Guinea.
Palaemon lar FABR.
Panulirus polyphagus (HBST.)
Coenobita rugosus M.-E.
C. compressus M.-E.
Sesarma gracilipes M.-E.

Penaeus canaliculatus (OLIV.)
P. monoceros FABR.
P. monodon FABR.
P. indicus M.-E.
Caridina wycki HICKS.
Athanas dimorphus ORTM.
Alpheus edwardsi AUD.
A. macrochirus RICHT.
A. laevis RAND.
A. gracilipes STIMPS.
Saron marmoratus (OLIV.)
Pontonia pinnae ORTM.
Coralliocaris graminea (DAN.)
Anchistia ensifrons DAN.
Leander longicarpus STIMPS.
Palaemon idae HELL.
Petrolisthes lamarcki LEACH.
P. trivirgatus ORTM.
Pisisoma granulatum ORTM.
Pachycheles sculptus M.-E.
Pagurus punctularus OLIV.
P. setifer M.-E.
P. deformis M.-E.
Clibanarius longitarsis (D. H.)
Cl. virescens (KRAUSS.)
Calcinus herbsti D. M.
C. gaimardi M.-E.
Diogenes avarus HELL.
Coenobita clypeatus (HBST.)
C. rugosus M.-E.
C. compressus M.-E.
C. perlatus M.-E.
Dromidia unidentata (RÜPP.)
Cryptodromia pentagonalis HILG.
Calappa hepatica L.
Matuta victrix FABR.

Alpheus edwardsi AUD.
A. lobidens D. H.
Clibanarius virescens (KRAUSS)
Calcinus herbsti D. M.
Coenobita compressus M.-E.
Calappa hepatica L.
Ixa cylindrus FABR.
Myra fugax FABR.

## Burnett.
Miersia compressa D. H.
Caridina wycki HICKS.
Palaemon australis ORTM.
Cherups bicarinatus GRAY.

## Celebes.
Lepas anserifera L.

## II. Coll. Ortmann.
### Dar-es-Salaam.
Philyra platycheira D. H.
Huenia grandidieri A. M.-E.
Menaethius monoceros LATR.
Acanthonyx quadridentatus KRAUSS.
Pseudomicippe nodosa HELL.
Micippe philyra (HBST.)
Tylocarcinus styx (HBST.)
Neptunus granulatus (M.-E.)
N. sanguinolentus (HBST.)
Scylla serrata (FORSK.)
Goniosoma affine (DAN.)
G. danae A. M.-E.
Thalamita savignyi A. M.-E.
Th. crenata (LATR.)
Lambrus pisoides AD. WR.
Myomenippe panope (HBST.)
Pseudozius caystrus (AD. WH.)
Eurycarcinus natalensis (KRAUSS.)
Pilumnus vespertilio (FABR.)
Cymo andreossyi (SAV.)
Xantho exaratus (M.-E.)
Actaea tomentosa (M.-E.)
A. rufopunctata (M.-E.)
A. catipes (DAN.)
Zozymus aeneus (L.)
Lophactaea cristata A. M.-E.
Phymodius ungulatus (M.-E.)
Chlorodius niger (FORSK.)
Hypocoelus sculptus (M.-E.)
Carpilodes tristis DAN.
C. caillantianus A. M.-E.
C. monticulosus A. M.-E.
Carpilius convexus (FORSK.)
Ozius rugulosus STIMPS.
Epixanthus corrosus A. M.-E.

### Kilwa Kiwindje.
Leucosia margaritacea BELL.
Stenorhynchus brevis ORTM.
Paratymolus pubescens MRS.
Huenia grandidieri A. M.-E.
Hyastenus brevicornis ORTM.
Goniosoma danae A. M.-E.
Thalamita crenata (LATR.)
Lambrus pelagicus RÜPP.

## Java (Buitenzorg u. Tjibodas).
Palaemon elegans D. M.
Paratelphusa tridentata M.-E.
Telphusa kuhli D. M.
Sesarma nodulifera D. M.

Epixanthus dentatus (WH.)
Eurippellia annulipes (M.-E.)
Eriphia laevimana LATR.
E. smithi MACL.
Trapezia cymodoce (HBST.)
T. rufopunctata (HBST.)
Tetralia glaberrima (HBST.)
Metopograpsus messor FORSK.
M. oceanicus (JACQ. LUC.)
Grapsus grapsus L.
Gr. strigosus (HBST.)
Varuna litterata (FABR.)
Heterograpsus erythraeus (KOSSM.)
Sesarma elongata A. M.-E.
S. meinerti D. M.
S. erythrodactyla HESS.
Helice leachi HESS.
Leiolophus abbreviatus (DAN.)
Cardisoma carnifex (HBST.)
Euplax boscii (AUD.)
Macrophthalmus grandidieri A.M.-E.
Dotilla fenestrata HILG.
Gelasimus cultrimanus WH.
G. urvillei M.-E.
G. inversus HOFFM.
G. annulipes M.-E.
Ocypode kuhli D. H.
O. ceratophthalma (PALL.)
Gonodactylus chiragra (FABR.)
G. glaber BR.
G. nov. spec.
G. trispinosus WH.
Lepas anatifera L.
Tetraclita porosa (L.)
Pyrgoma milleporae DARW.

Xantho exaratus M.-E.
Eriphia smithi MACL.
Macrophthalmus grandidieri A. M.-E.
Dotilla fenestrata HILG.
Gelasimus cultrimanus WH.
G. annulipes M.-E.
Ocypode kuhli D. H.
O. ceratophthalma PALL.

# Decapoda.

Familie: **Penaeidae.**

### *Penaeus canaliculatus* OLIVIER.

Vgl. ORTMANN, Zoolog. Jahrb. V. 1890, p. 448.

Amboina, 1 ♂ ad. (SEMON coll.).

Dar-es-Salaam, Ras Rongoni, 1 ♂ juv. (ORTMANN coll.), bei Ebbe in Wasserlöchern auf sandigem Grunde.

Verbreitung: Indo-Pacifisches Gebiet von Ost-Afrika und Mauritius bis Japan, Sydney und Tahiti. — Von Ost-Afrika von Zanzibar und Mozambique angegeben (HILGENDORF); von Amboina durch DE MAN bekannt.

### *Penaeus monoceros* FABRICIUS.

Vgl. ORTMANN, l. c. p. 450. THALLWITZ, Abhandl. Mus. Dresden 3, 1890, p. 2.

Dar-es-Salaam, 3 ♂ 4 ♀, alle jung, wurden mir von Negern gebracht und stammen wohl von der Mündung des Upanga-Flusses her.

Verbreitung: Indo-Pacifisches Gebiet, von Ost-Afrika bis Japan und Australien. — Ost-Afrika: Quilimane (HILGENDORF).

### *Penaeus monodon* FABRICIUS. Taf. II, Fig. 1.

*Penaeus monodon* Fabr. MILNE-EDWARDS, Hist. Nat. Crust., II, 1837, p. 416. KRAUSS, Südafrik. Crust., 1843, p. 55. HELLER, Crust. Novara, 1865, p. 122. MIERS, Proceed. Zoolog. Soc. London, 1878, p. 300 und 307. BATE, Ann. Mag. N. H. (5) VIII, 1881, p. 178. BATE, Chall. Macrur., 1888, p. 250, pl. 34, fig. 1″ nur das ♂.

*P. semisulcatus exsulcatus* HILGENDORF, Mon. Ber. Akad. Wiss. Berlin, 1878, p. 843.

Mir liegen zwei Exemplare aus Ost-Afrika und eines von der Thursday-Insel vor, die dem *P. semisulcatus* sehr nahe stehen, aber vom typischen *semisulcatus* gewisse Abweichungen zeigen, und für die ich den Namen *P. monodon* FABR. angewendet wissen möchte. Dieselben stimmen völlig mit HILGENDORF's Beschreibung des *semisulcatus var. exsulcatus* überein, d. h. die Furche des Rostralkieles ist kaum bemerkbar. Die Bezahnung des Rostrums ist bei den afrikanischen Exemplaren: ♀, bei dem von der Thursday-Insel: ♂, während Exemplare des *semisulcatus* von Japan meist ♀ zeigen, was für die Zugehörigkeit meiner Exemplare zu *P. monodon* nach MIERS' Fassung sprechen würde.

Nun finde ich aber ferner eine wesentliche Abweichung in der Bildung des Thelycum beim ♀. Nach dieser würden die vorliegenden ♀ in meine Gruppe A. B. B. B. (Zool. Jahrb., V, 1890, p. 447) gehören, d. h. die letzte harte Spange des Sternums ragt zwischen die 5. Pereiopoden in zwei Lappen nach vorn. Ob das Petasma des ♂ T-förmig gebildet ist, kann ich nicht angeben, da mein ♂ zu jung ist. Jedenfalls ist es symmetrisch gebildet.

Diese Art würde sich von den beiden anderen in die genannte Gruppe gehörigen (*currirostris* und *crucifer*) unterscheiden: 1. Auch das Ischium des 1. Pereiopoden besitzt einen Dorn. 2. Rostrum nach hinten in einen Kiel fast bis zum Hinterrand des Cephalothorax fortgesetzt. Dieser Kiel ist schwach oder nicht gefurcht. 3. Rostrum am Unterrand gezähnt. 4. Die beiden Lappen der letzten Spange des Sternums beim ♀ bis zur Basis der 4. Pereiopoden reichend.

Von den Abdomensegmenten sind die drei letzten gekielt.

Thursday Island, 1 ♀ (SEMON coll.).

Dar-es-Salaam, Upanga-Riff, 1 ♀; im Hafen bei Mtoni, 1 ♂ juv. (ORTMANN coll.).

Verbreitung: MIERS giebt für seinen *monodon* Indian and Australian seas an, genauer (p. 290): Australien, Shark-Bay und Ceylon. — Ferner: Zanzibar (HILGENDORF); Quilimane (HILGENDORF); Natalküste (KRAUSS); Ceylon (HELLER); Neu-Guinea (BATE).

### Penaeus indicus MILNE-EDWARDS.

MILNE-EDWARDS, Hist. Nat. Crust., II. 1837. p. 415. MIERS, Proceed. Zool. Soc., London 1878. p. 301 und p. 307. HILGENDORF, Mon. Ber. Ak. Wiss. Berlin. 1878. p. 844. BATE, Ann. Mag. N. H. (5). VIII. 1881, p. 177, pl. 12, fig. 5. BATE, Chall. Macrur., 1888, p. 248, pl. 33, fig. 2

Steht dem *P. monodon* sehr nahe, unterscheidet sich aber: 1. Rostrum schlanker und länger, doch scheint Länge und Bezahnung etwas zu variiren. Bei meinen Exemplaren überragt es eben die Antennenschuppe, die Bezahnung ist: $\frac{7}{3}$ und $\frac{7}{4}$. 2. Furchen zur Seite des Rostralkieles kaum angedeutet, oder völlig fehlend. 3. Die gegen die Fühlerschuppe gerichtete horizontale Furche auf der Seite des Cephalothorax ist bei *monodon* sehr scharf, bei *indicus* fehlt sie: sie wird nur durch einen undeutlichen Kiel angedeutet. 4. Geisseln der inneren Antennen, bei *indicus* etwas länger. 5. Thelycum ähnlich wie bei *monodon*, jedoch ragen die beiden Lappen der letzten Spange des Sternums weniger weit vor, nicht über die Basis der 5. Pereiopoden hinaus[1]).

Ueber das Petasma vgl. BATE, 1888, pl. 33, fig. 2 p.p.

Dar-es-Salaam, 2 ♀, mit *P. monoceros* erhalten.

Verbreitung: Quilimane (HILGENDORF); Coromandel (MILNE-EDWARDS); Ceylon (MIERS); Singapur (DANA); Java (HELLER); Batavia (HILGENDORF); Chefoo (MIERS); Amoy (MIERS); Philippinen (BATE).

## Familie: Atyidae.

Die Gattungen der *Atyidae* lassen sich nach folgender Tabelle unterscheiden:
a. Sämmtliche Pereiopoden mit Exopoditen. Carpus des 1. Pereiopoden nicht oder nur undeutlich ausgehöhlt. *Miersia* [2]).
aa. Nur die beiden ersten Pereiopodenpaare mit Exopoditen. Carpen der 1. und 2. Pereiopoden am distalen Ende ausgehöhlt. *Hemicaridina*.
aaa. Pereiopoden ohne Exopoditen.
b. Carpus des 2. Pereiopoden von normaler Gestalt. Rostrum (meist) comprimirt und gesägt. *Caridina*.
bb. Carpus des 2. Pereiopoden ebenso wie der des ersten am distalen Ende ausgehöhlt. Rostrum (meist) nicht comprimirt, nicht gesägt. *Atya*.

### Miersia compressa (DE HAAN).

Vgl. ORTMANN. Zool. Jahrb. V, 1890. p. 463.

Die Scheeren der 1. Pereiopoden sind insofern von normaler Gestalt, als der Carpus am distalen Ende nicht oder nur ganz undeutlich jene eigenthümliche Aushölung zeigt, welche die drei anderen Gattungen dieser Familie charakterisirt. Jedoch zeigen die Finger der Scheeren die bekannten, den *Atyidae* zukommenden Haarbüschel.

Nach dem Bau der 1. Pereiopoden und dem langen Basalstachel der inneren Antennen möchte ich vermuthen, dass *Caridina serratirostris* DE MAN (in: WEBER's Reise, II, 1892. p. 382) auch in diese Gattung gehört.

Queensland, Burnett, 1 Ex. (SEMON coll.).

Verbreitung: Japan (DE HAAN, v. MARTENS, MIERS, ORTMANN); Insel Adenare bei Flores (v. MARTENS).

### Caridina typus MILNE-EDWARDS.

Caridina typus MILNE-EDWARDS, Hist. Nat. Crust., II. 1837. p. 363, pl. 25 bis. fig. 4. 5: RICHTERS, Beitr. Meeresfauu. Maur. Seychell. Decap., 1880. p. 162. pl. 17, fig. 23; DE MAN. in: WEBER's Zool. Ergebn. Reis. Niederl. Ost-Ind., II, 1892, p. 367, pl. 21, fig. 22; DE MAN, in: Not. Leyd. Mus., 15, 1893, p. 300.
C. siamensis GIEBEL, Zeitschr. f. d. ges. Naturw., 21. 1863, p. 320.

---

[1]) Dieser Befund stimmt nicht mit BATE (l. c. 1881, p. 12, fig. 5 und p.) überein.

[2]) Die Merkmale der Gattung *Xiphocaris* v. MARTENS (Arch. f. Naturg., 38, 1, 1872, p. 139) stimmen vollkommen mit *Miersia* KINGSLEY (Proceed. Acad. Nat. Sc. Philadelphia, 1879. p. 416) überein. (Vgl. auch: KINGSLEY. ibid., p. 426, u. POCOCK, Annal. Mag. Nat. Hist. (6, III, 1889, p. 17.) Sollten beide wirklich, wie ich vermuthe, identisch sein, so würde *Xiphocaris* die Priorität haben. Die Arten von *Xiphocaris* sind west-indisch und kommen auch dort, wie aus den Bemerkungen bei POCOCK (l. c. p. 6 u. 20) hervorgeht, in Süsswasser vor. — Von den von KINGSLEY für *Miersia* angegebenen Typen gehören die beiden ersten (*pelagica* u. *punctulata*) wahrscheinlich nicht hierher. Die Gattung kommt auch in Neu-Seeland vor: im Strassburger Museum befinden sich 3 Exemplare einer noch unbeschriebenen Art aus dem River Avon bei Christchurch.

*var. longirostris* DE MAN.

DE MAN, l. c. p. 369.

Der Name der Varietät ist schlecht gewählt, da schon eine *Caridina longirostris* MILNE-EDWARDS existirt.

Amboina, 1 Ex., Süsswasser (SEMON coll.).

Verbreitung der *C. typus*: Seychellen und Mauritius (RICHTERS); Siam (GIEBEL); Flores, Saleyer, Celebes, Timor, in Flüssen (DE MAN).

## *Caridina brevicarpalis* DE MAN.

DE MAN, in: WEBER, Zoolog. Ergebn. etc., II, 1892, p. 397, pl. 24, fig. 30.

Amboina, 1 Ex., Süsswasser (SEMON coll.).

Verbreitung: Bisher nur von Celebes, aus Süsswasser bekannt (DE MAN).

## *Caridina wycki* (HICKSON).

*Atya wyckii* HICKSON, Annal. Mag. Nat. Hist. 6., II, 1888, p. 357, pl. 13, 14.
*Caridina wyckii* THALLWITZ, Abhandl. Mus. Dresden, 3, 1891, p. 27. DE MAN, in: WEBER, Zool. Erg. etc., II, 1892, p. 386, pl. 24, fig. 29—29k. DE MAN, Not. Leyd. Mus., 15, 1893, p. 302, pl. 8, fig. 7 var.).

Die vorliegenden Exemplare stimmen alle mit den unter A. beschriebenen typischen Exemplaren DE MAN's überein.

Die von mir aus Ost-Afrika mitgebrachten Exemplare gehören hierher, und nicht zu *longirostris* MILNE-EDWARDS (Hist. Nat. Cr., II, 1837, p. 393), die mit *nilotica* (ROUX) (Annal. Sc. Natur., 28, 1833, p. 73, pl. 7, fig. 1) identisch sein soll. Die Originale der *longirostris* (von Oran) unterscheiden sich nach DE MAN (l. c. p. 396) durch gedrungenere und kürzere Carpen der Scheerenfüsse. Es wäre möglich, dass die von HILGENDORF (Mon. Ber. Akad. Berlin 1878, p. 828) von Mozambique und Tette, von PFEFFER (Jahrb. Hamburg. Wiss. Anstalt, VI, 1889, p. 35) von Zanzibar angeführte *C. nilotica*, sowie die von RICHTERS (Meeresf. Maur. Seych., 1880, p. 162) von den Seychellen (nicht von Mauritius, wie DE MAN l. c. p. 397 irrthümlich citirt) angeführte *C. longirostris* ebenfalls zu *C. wycki* zu ziehen sind.

Queensland, Burnett, viele Ex. (SEMON coll.).

Dar-es-Salaam, 3 Ex., mit *Penaeus monoceros* und *indicus* erhalten (ORTMANN coll.)

Verbreitung: Celebes (HICKSON, THALLWITZ, DE MAN), in Bächen und Flüssen; Ins. Saleyer, Fluss Bangkalan (DE MAN); Flores, in Flüssen (DE MAN); Timor (DE MAN).

Die Grenzen des Verbreitungsgebietes dieser Art werden durch die obigen Funde ganz bedeutend erweitert: der Nachweis ihres Vorkommens in Ost-Afrika macht es höchst wahrscheinlich, dass die Angaben von HILGENDORF, RICHTERS und PFEFFER ebenfalls auf diese Art zu beziehen sind[1]). Die echte *C. longirostris* wird von Oran (MILNE-EDWARDS) und die *nilotica* aus dem Nil (ROUX) und von N.-O.-Afrika (HILGENDORF) angegeben.

Es sei hier gestattet, eine weitere neue Art der Gattung *Caridina* zu beschreiben, die durch die Bildung des Rostrums wesentlich von den vorangehenden Arten sich unterscheidet.

## *Caridina singhalensis* nov. spec. Tafel I, Fig. 2.

Körper gedrungen. Rostrum sehr kurz, kürzer als die Augen, stumpf dreieckig, flach, nicht comprimirt, oben mit einem kurzen, undeutlichen Kiel, ohne jede Zähne. Vorderseitenrand des Cephalothorax ohne Antennalstachel.

Carpus der 1. Pereiopoden distal verbreitert und ausgehöhlt, kaum so lang wie die Scheere, sein oberer Rand etwas länger als die Breite am distalen Ende. Scheerenfinger etwa so lang wie die Palma.

Carpus der 2. Pereiopoden langgestreckt, länger als die Scheere, gegen das distale Ende nur wenig verdickt. Scheeren schlanker, Finger länger als die Palma.

Merus der 3. und 4. Pereiopoden beim ♂ am Unterrande, etwa ⅓ seiner Länge vom distalen Ende entfernt, verbreitert und eckig vorspringend, daselbst mit einem Stachelchen. Beim ♀ fehlt diese Verbreiterung. Krallen am Unterrand mit 5—6 Dörnchen, nicht ganz ein Viertel so lang als der Propodus. Krallen der 5 Pereiopoden am Unterrand mit zahlreichen, feinen, kammförmigen Dörnchen, fast ein Drittel so lang als der Propodus.

---

[1]) Im Mus. Strassburg finden sich 6 Exemplare von Ceylon, Trincomali, die auch zu *C. wycki* zu rechnen sind: bei ihnen zeigt der Unterrand des Rostrums 6—9 Zähne, also weniger als bei typischen Exemplaren, und es stehen 3—4 Zähnchen des Oberrandes noch auf dem Cephalothorax. In allen übrigen Merkmalen stimmen sie aber mit typischen Exemplaren von *wycki* überein.

Telson oben mit 6—8 Dörnchenpaaren.
Die Eier der ♀ sind auffallend gross und gering an Zahl.
Steht der *C. brevirostris* STIMPSON (Proc. Acad. Nat. Sc. Philadelphia 1860, p. 98) von den Bonin-Inseln sehr nahe, unterscheidet sich aber durch die Scheerenfinger der 1. Pereiopoden, die so lang wie die Palma sind. Bei *brevirostris* sollen die Finger viel kürzer als die Palma sein.

Diese beiden Arten, *brevirostris* und *singhalensis*, bilden eine besondere Gruppe der Gattung, ausgezeichnet durch völlig ungezähntes, kurzes Rostrum und den Mangel des Antennalstachels.

Ceylon, Newera Elya, in Süsswasser, viele Exemplare, darunter aber nur 1 ♂. Die Originale befinden sich im Strassburger Museum.

## *Atya moluccensis* DE HAAN.

Vgl. DE MAN. in WEBER: Ergebn. Reis. Niederl. Ost-Ind., II, 1892. p. 357. pl. 21, fig. 20.

Amboina, 1 ♀, Süsswasser (SEMON coll.).

Im Indischen Archipel fast überall: Sumatra, Java, Celebes, Saleyer, Timor, Flores, Bali, Ceram, Batjan, Philippinen.

## *Atya brevirostris* DE MAN.

DE MAN. l. c. 1892. p. 360. pl. 21, fig. 21.

Amboina, 3 ♀, Süsswasser (SEMON coll.).

Verbreitung: Flores und Timor (DE MAN).

### Familie: **Alpheidae**.
### Gattung: *Athanas* LEACH.

Die Gattung *Athanas* gehört in die Familie der *Alpheidae* aus folgenden Gründen: 1. Mandibel zweiteilig, mit Synaphipod. 2. Rostrum schwach entwickelt. 3. Erstes Pereiopodenpaar kräftiger als das zweite. Letzteres mit gegliedertem Carpus. 4. Mastigobranchien (Epipoditen) auf $k$ bis $n$ vorhanden. Exopoditen auf den Pereiopoden fehlend. 5. Telson breit am Ende.

Aus der Diagnose der *Alpheidae* ist zu streichen, dass die Augen vom Cephalothorax überwölbt sind. Von *Alpheus* unterscheidet sich *Athanas*: 1. Augen mit der Cornea unter dem Cephalothorax vorragend. 2. Aeusserer Faden der inneren Antennen zweitheilig. 3. Erste Pereiopoden nicht sehr ungleich und nicht so auffallend gestaltet wie bei *Alpheus*.

Bisher waren nur drei Arten der Gattung *Athanas* bekannt: *A. nitescens* (LEACH) von den Küsten Europas und den Cap Verden, *A. veloculus* BATE (Chall. Macrur., p. 529) von den Cap Verden, und *A. mascarenicus* RICHTERS (Beitr. Meeresf. Maur. Seych. 1880. p. 164) von Mauritius. Die vorliegende Art ist die zweite, die von der Gattung aus dem Indo-Pacifischen Gebiet bekannt wird und unterscheidet sich von *mascarenicus* durch den Bau der Scheerenfüsse, durch 5-gliedrigen Carpus der 2. Pereiopoden und durch das auf der Oberfläche bedornte Telson.

### *Athanas dimorphus* nov. spec. Tafel I, Fig. 1.

Cephalothorax gleichmässig gewölbt, Rostrum einfach, spitz, gerade vorgestreckt, bis zum 2. Stielgliede der inneren Antennen reichend. Supraorbitaldornen fehlend. Dorn an der äusseren Ecke der Augenhöhlen stark entwickelt. Augen nur mit der Cornea vorragend. Innere Antennen mit langem Stylocériten; ihre äussere Geissel an der Spitze zweitheilig, der dickere Theil kurz, mit Sinneshaaren, der dünnere länger. Aeussere Antennen mit ovaler Schuppe, letztere etwa so lang wie der Stiel der inneren Antennen.

Dritter Maxillarfuss mit Exopodit, dieser letztere auf allen Pereiopoden fehlend. Dagegen sind auf dem 3. Maxillarfuss und auf den vier ersten Pereiopoden (*k* bis *n*) Mastigobranchien vorhanden.

Erste Pereiopoden beiderseits gleich, beim ♂ und ♀ auffallend verschieden gestaltet. Beim ♂ ist der Merus kräftig, lang, so weit wie der Stiel der äusseren Antennen reichend. Carpus kurz. Palma lang, etwa cylindrisch, viel länger als der Carpus. Finger kurz, der bewegliche gekrümmt, mit einem Zahn an der Basis der Schneide. Beim ♀ ist der Merus schlanker, der Carpus ebenfalls schlank, mindestens ebenso lang als der Merus. Die Scheere ist kurz, kürzer als der Carpus.

Zweite Pereiopoden schwach; Carpus 5-gliedrig, das erste Glied fast so lang wie die übrigen zusammen, das 2., 3. und 4. sind kurz, das 5. etwas länger. Die übrigen Pereiopoden sind gleichmässig.

Telson breit abgestutzt, oben mit zwei Dörnchenpaaren. Aeusserer Ast der Schwanzflosse mit einer queren Naht vor der Spitze.

Körpergrösse etwa 1½ cm.
Dar-es-Salaam, Upanga-Riff, 1 ♂ 3 ., in Löchern und Höhlungen des Korallkalkes.

### *Alpheus edwardsi* (AUDOUIN).

Synonyme siehe bei: *A. edwardsi* (AUD. MILNE-EDW., Rep. Zool. Coll. Alert 1884, p. 284, DE MAN, Arch. f. Naturg., 53, 1, 1887, p. 516. DE MAN, Journ. Linn. Soc. London, Zool. XXII, 1888, p. 266. ORTMANN, Zool. Jahrb., V, 1890, p. 470. ORTMANN, Ergebn. Plankton-Exp. Dec. u. Schiz., 1893. p. 14.
*A. hauni*, ORTMANN, Zool. Jahrb. V, 1890, p. 472.
*A. macrodactylus* ORTMANN, ibid. p. 473, pl. 36, fig. 10.

Die mir von Ost-Afrika, Amboina und der Thursday-Insel vorliegenden Exemplare entsprechen der von mir (1890 l. c.) als *A. hauni* von Japan, sowie der (1893 l. c.) als *edwardsi var.* von Bermuda angeführten Form. Ausserdem halte ich den *A. macrodactylus* ebenfalls für eine in den Kreis des *A. edwardsi* gehörige Form, während *A. dolichodactylus* ORTM. und *acanthomerus* ORTM. (identisch mit *edamensis* DE MAN) als besondere Arten anzusehen sind. Die Arten der Gruppe des *A. edwardsi*, in meiner Tabelle (l. c. 1890, p. 468) die Abtheilung : A. B. C. D. E., also die Formen mit kurzem, schmalem Rostrum, mit rudimentärem Dorn am ersten Stielglied der äusseren Antennen, mit eingekerbtem Ober- und Unterrand der grossen Scheere und mit unbewehrten Augendecken, bei denen der bewegliche Finger der kleinen Scheere keine besonderen Haarleisten besitzt, würden sich nunmehr in folgender Weise zusammenstellen lassen:

A. B. C. D. E.
F. Merus des 3. und 4. Beinpaares ohne Dorn. Erstes Carpalglied des 2. Beinpaares das längste.
  G. Finger der kleinen Scheere mittelmässig oder kurz, zusammenschliessend.    *A. edwardsi*.
  GG. Finger der kleinen Scheere sehr lang, fast so lang wie die ganze grosse Scheere, klaffend.
                                                                    *A. dolichodactylus* ORTM. Japan.
FF. Merus des 3. und 4. Beinpaares mit einem Dorn.
  G. Erstes Carpalglied des 2. Beinpaares das längste.      *A. hippothoë* DE MAN [1]).
  GG. Zweites Carpalglied des 2. Beinpaares das längste.      *A. edamensis* DE MAN [2]).

Die letztere, von Java und Amboina stammende, von DE MAN als var. von *hippothoë* aufgefasste Form ist identisch mit dem von mir (Zool. Jahrb. V, 1890, p. 474, pl. 36, fig. 12) von Tahiti beschriebenen *A. acanthomerus*.

Amboina, 2 Ex., Thursday Island, 2 Ex. (SEMON coll.).
Kilwa, am Strande, zwischen Steinen, 1 ♂ 1 ., Dar-es-Salaam, im Hafen bei Mtoni, in Spongien, 1 ., Upanga-Riff, in Korallkalk, 1 ♂ 1 ♀ (ORTM. coll.).
Verbreitung: Durch das ganze Indo-Pacifische Gebiet, vom Rothen Meer und Ost-Afrika bis Tahiti und zu den Sandwich-Inseln, ferner im tropischen Theil des Atlantic: Cap Verde-Inseln und Bermuda, und Ostküste Amerikas von N.-Carolina bis Brasilien. Auch an der Westküste Central-Amerikas (vgl. MIERS).

### *Alpheus lobidens* DE HAAN.

Vgl. ORTMANN, Zool. Jahrb., V, 1890, p. 474, pl. 36, fig. 13.
Amboina, 4 Ex. (SEMON coll.).
Kilwa, am Strande, zwischen Steinen, 2 Ex. (ORTMANN coll.).
Verbreitung: Bisher nur von Japan bekannt.

### *Alpheus strenuus* DANA.

Vgl. ORTMANN, l. c. p. 475.
Diese Form ist höchst wahrscheinlich nur als Varietät von *A. lobidens* aufzufassen. *A. strenuus* (und wohl auch *lobidens*) soll nach MIERS (Alert, 1884, p. 286) das ♂ von *A. edwardsi* sein.
Thursday Island, 2 Ex. (SEMON coll.).
Verbreitung: Von Ost-Afrika über Ceylon, den Malayischen Archipel bis nach Japan, den Sandwich-Inseln und Tongatabu.

---
[1] Arch. f. Naturg., 53. 1, 1887, p. 518. Journ. Linn. Soc., XXII, 1888, p. 268 pl. 17, fig. 1—5. Mergui-Ins., Java, Amboina. — Ferner: Ceylon (Mus. Strassburg).
[2] Arch. f. Naturg., 1887, p. 518.

## *Alpheus villosus* (OLIVIER).

MILNE-EDWARDS, Hist. Nat. Crust., II, 1837, p. 354. RICHTERS, Beitr. Meeresf., Maur. u. Seychell., 1880. p. 163. HASWELL, Catal. Austr. Crust., 1882, p. 187. MIERS, Rep. Zool. Coll. Alert, 1884, p. 290.

Diese seltene Art gehört in die Spinifrons-Gruppe DE MAN's (Arch. f. Nat. 53, 1, 1887, p. 498) und nach der von mir (l. c.) gegebenen Tabelle in die Abtheilung: A. BB. CC. D. Sie unterscheidet sich von allen übrigen Arten der Gattung durch den medianen Dorn im vorderen Theil des Cephalothorax hinter dem Rostrum und durch die Behaarung des ganzen Körpers.

Rostrum schlank, bis ans Ende des 1. Stielgliedes der inneren Antennen, bei einem Exemplar sogar etwas darüber hinaus reichend, nach hinten bis zur Mitte des Cephalothorax als schwacher Kiel fortgesetzt. Dieser Kiel trägt im vorderen Theil des Cephalothorax dicht hinter den Augendecken einen scharfen Dorn. Augendecken mit je einem kurzen, scharfen Stachel.

Schuppe an der Basis der inneren Antennen mit dornartiger Spitze, fast so lang wie das 1. Stielglied. Zweites Stielglied länger als das erste. Aeussere Antennen an der Basis mit einem langen, schlanken Stachel, der fast bis zum Ende des 2. Stielgliedes der inneren Antennen reicht. Schuppe schmal.

Erstes Beinpaar: grosser Scheerenfuss: Oberrand des Merus distal ausgezogen, innerer Unterrand distal mit einem kleinen Stachel. Hand comprimirt, fast oval, gegen die Basis breiter, nach den Fingern zu schmaler. Unter- und Oberrand ohne Kerben. Unterrand gerundet, Oberrand mit zwei fadenförmigen etwa parallelen Längsleisten, die eine Furche einschliessen. Aussenfläche nahe der Basis des unbeweglichen Fingers mit zwei kurzen, über einander liegenden Längsdepressionen. Hand gegen die Finger etwas gedreht, so dass der bewegliche Finger in schräger Richtung articulirt. Oberrand dieses Fingers halbkreisförmig gekrümmt, der Finger viel kürzer als die Palma. — Kleiner Scheerenfuss: Merus wie beim grossen. Hand länglich, etwas comprimirt, Oberrand der Palma mit einer Längsleiste, distal an der Basis des beweglichen Fingers steht jederseits ein spitzer, vorwärts gerichteter Stachel.

Zweites Beinpaar: erstes Carpalglied das längste, etwa doppelt so lang wie das zweite. Das zweite nur wenig länger als das fünfte.

Merus des 3. und 4. Beinpaares distal am unteren Rande mit einem scharfen Dorn.

Der ganze Cephalothorax ist ziemlich dicht mit kurzen, steifen Haaren besetzt, dazwischen stehen längere (vielleicht ist aber die Behaarung allgemein länger gewesen und es sind die einzelnen Haare zum Theil abgebrochen. In ähnlicher Weise, aber weniger dicht ist das Abdomen behaart. Ebenso sind sämmtliche Beine behaart: am schwächsten ist die Behaarung auf der Aussenfläche der grossen Scheere, am stärksten auf deren Innenfläche und besonders auf dem Oberrand der grossen und kleinen Scheere und auf den Fingern.

Thursday Island, 3 Ex. (SEMON coll.).

Verbreitung: MILNE-EDWARDS giebt Australien an, und diese Angabe wird von HASWELL wiederholt. Nach RICHTERS bei Mauritius. MIERS giebt Warrior Reef und Thursday Island an.

## *Alpheus comatularum* HASWELL.

HASWELL, Catal. Austral. Crust., 1882, p. 189. MIERS, Rep. Zool. Coll. Alert, 1884, p. 289.

Gehört in dieselbe Gruppe wie die vorhergehende Art.

Bei meinem ♂ reicht das Rostrum bis über die Spitze des 2. Stielgliedes der inneren Antennen, beim ♀ ist es so lang wie der ganze Stiel. Beweglicher Finger der kleinen Hand länger als der unbewegliche, an der Spitze sichelförmig gebogen. Erstes Carpalglied des 2. Beinpaares so lang wie die übrigen vier zusammen, 2., 3. und 4. unter sich gleich, das 5. länger als jedes einzelne derselben. Merus des 3. und 4. Beinpaares distal am Unterrande mit einem spitzen Dorn. Beim ♂ tragen die Epimeren des 2.—6. Abdomensegmentes, beim ♀ die des 2.—6. Abdomensegmentes kurze Stacheln.

Vgl. MIERS, l. c. und DE MAN (Arch. f. Naturg. 53, 1, 1887, p. 508 ff., beim Vergleich mit *A. carinatus* DE MAN.

Thursday Island, 1 ♂ 1 ♀ (SEMON coll.).

Verbreitung: Albany Passage, bei Cap York, an Comatuliden (HASWELL), Torres-Strasse, an mehreren Orten, darunter Thursday Island (MIERS); ferner: Singapore und Ceylon (MIERS).

## *Alpheus biunguiculatus* STIMPSON.

*A. biunguiculatus* STIMPSON, Proceed. Acad. Nat. Sc. Philadelphia, 1860, p. 100. DE MAN, Arch. f. Naturg., 53, 1, 1887, p. 502, pl. 21, fig. 6.
*A. tricuspidatus* HELLER, Sitz. Ber. Ak. Wiss. Wien, 44, 1861, p. 267, pl. 3, fig. 15.
*A. minor var. biunguiculatus* DE MAN, Journ. Linn. Soc. London Zool., XXII, 1888, p. 273.

Thursday Island, 1 Ex. (SEMON coll.).

Verbreitung: Rothes Meer (HELLER); Ceylon (Mus. Strassburg); Mergui-Inseln (DE MAN); Java: Pulo Edam und Noordwachter (DE MAN); Sandwich-Inseln (STIMPSON).

### *Alpheus macrochirus* RICHTERS.

Vgl. ORTMANN, Zool. Jahrb., V. 1890, p. 485.

Dar-es-Salaam, Upanga-Riff, in Korallen, 3 ♂ 2 ♀ (ORTMANN coll.).
Verbreitung: Mauritius (RICHTERS); Tahiti (ORTMANN).

### *Alpheus laevis* RANDALL.

Vgl. ORTMANN, l. c. p. 487. Ferner: MIERS, Alert. 1884, p. 501.

Amboina, 1 ♂ 1 ♀, zwischen fein verzweigten, lebenden Korallen (*Pocillopora*) (SEMON coll.).
Dar-es-Salaam, Chokirbank und Ras Rongoni, in Korallkalk, 7 ♂ 4 ♀ (ORTMANN coll.).
Verbreitung: Indo-Pacifisches Gebiet, vom Rothen Meer bis Japan, Sandwich-Inseln, Tahiti und Sydney. — Von Zanzibar durch HILGENDORF und PFEFFER angeführt, ebenso bei den Amiranten und Seychellen nach MIERS.

### *Alpheus gracilipes* STIMPSON.

Vgl. ORTMANN, l. c. p. 488.

Der *A. gracilipes* bei THALLWITZ (Abh. Mus. Dresden. 3. 1891, p. 21) scheint mir hiervon verschieden zu sein. Nach THALLWITZ sind die Augendecken gerundet, was nach der Beschreibung bei STIMPSON nicht der Fall ist. STIMPSON sagt: „orbitae antice acutae, potius quam spiniferae", was für meine Exemplare vorzüglich passt. Ausserdem beschreibt THALLWITZ vor der Querfurche am Oberrand der Palma je einen „zahnartigen, aufwärts gerichteten Fortsatz, von denen der äussere durch zwei dreieckige, eingedrückte Felder begrenzt wird". Ich finde eine derartige Angabe bei STIMPSON nicht, und auch die mir vorliegenden Exemplare zeigen diese Bildung nicht. Das hier vorliegende Exemplar stimmt vollkommen mit den von mir von den Marquesas- und Samoa-Inseln erwähnten (l. c.) überein. Ob *A. gracilipes* bei MIERS (Alert, 1884, p. 287) hierher gehört, ist zweifelhaft.

Dar-es-Salaam, Upanga-Riff, in Korallen, 1 ♂ (ORTMANN coll.).
Verbreitung: Von Ost-Afrika bis Japan, Tahiti und zur Bass-Strasse. Von Zanzibar durch PFEFFER angegeben.

### *Alpheus frontalis* SAY.

Vgl. ORTMANN, l. c. 1890, p. 485.
Identisch hiermit ist ferner:
*A. latifrons* A. MILNE-EDWARDS, Journ. Mus. Godeffroy, I, 4, 1873. p. 87. DE MAN, Arch. f. Naturg., 53. 1, 1887, p. 524, pl. 22, fig. 4.
*Betaeus utricola* RICHTERS, Beitr. Meeresf. Maur. Seych., 1880, p. 164, pl. 17, fig. 34, 35.

A. MILNE-EDWARDS sagt zwar ausdrücklich, dass sein *latifrons* verschieden sei von *frontalis*: jedoch konnte nach DE MAN zwischen dem Original des *latifrons* und einem Exemplar DE MAN's von Amboina von PFEFFER kein Unterschied gefunden werden. Diese Exemplare DE MAN's stimmen nun aber wiederum völlig mit meinen Exemplaren, die ich l. c. als *frontalis* anführte, ebenso wie mit der Abbildung des *frontalis* des älteren MILNE-EDWARDS, im Atlas zu CUVIER's règne animal, Crust. pl. 53, fig. 2. Der *latifrons* muss also mit *frontalis* identisch sein.

Amboina, 9 Ex., aber kein erwachsenes ♂ darunter (SEMON coll.).
Verbreitung: Samoa-Inseln (A. MILNE-EDWARDS, ORTMANN); Tahiti (HELLER); Australien (MILNE-EDWARDS); Liu-Kiu-Inseln (ORTMANN); Amboina (DE MAN). RICHTERS giebt keinen Fundort an, wahrscheinlich ist es Mauritius.

### Familie: Hippolytidae.

### *Saron marmoratus* (OLIVIER).

Vgl. *Hippolyte marmorata* OL., ORTMANN, Zool. Jahrb., V, 1890, p. 497.

Hiermit ist wohl auch identisch die *H. hemprichi* HELLER. Meine Bemerkung (l. c. p. 498) über ihre Verschiedenheit beruht auf einem Irrthum.

Die von THALLWITZ (Zool. Anzeig., 1891, p. 99, und Abhandl. Mus. Dresden, 1891, p. 25) aufgestellte Gattung *Saron* wird sich wohl halten lassen.

Meine ♂ zeigen nicht die enorm entwickelten dritten Maxillarfüsse: dieselben sind aber auch kaum halb so gross als die mir aus der Südsee vorliegenden ♂, welche dieses für *marmoratus* als charakteristisch angeführte Merkmal zeigen. Die Dornen an dem Merus der 3., 4. und 5. Pereiopoden entsprechen dem Verhalten bei *S. marmoratus*, nicht dem bei *gibberosus*.

Dar-es-Salaam, Upanga-Riff, zwischen Korallen, 2 ♂ 4 ♀ (ORTMANN coll.).

Verbreitung: Bisher sind nur die Sandwich-Inseln und Amboina als sichere Fundorte bekannt. Von Ost-Afrika wurde diese Art (wie auch der nahe verwandte *S. gibberosus*) noch nicht angeführt. Dagegen scheint sie im Rothen Meer vorzukommen (*H. hemprichi* HELLER, vgl. auch DE MAN, Not. Leyd. Mus., III, 1881, p. 107).

### Familie: Pontoniidae.

#### *Pontonia pinnae* nov. spec. Tafel 1. Fig. 3.

Cephalothorax länger als breit (in der oberen Ansicht), gleichmässig gewölbt, weder comprimirt noch deprimirt. Rostrum etwas abwärts geneigt, oben breit, ohne Kiel, stumpf, bis zur Mitte des 2. Stielgliedes der inneren Antennen reichend. Endfäden der inneren Antennen von der typischen Gestalt. Die der äusseren kaum länger als der Cephalothorax. Schuppe oval, am inneren und vorderen Rande behaart.

Merus und Carpus der ersten Pereiopoden gleich lang. Zweite Pereiopoden sehr ungleich, der grössere fast so lang wie der Körper. Scheere desselben länger als der Cephalothorax, fast cylindrisch, ohne Kanten. Finger viel kürzer als die Palma, der bewegliche an der Basis mit einem Höcker, der in eine Grube des unbeweglichen greift, letzterer ohne Zähne. Die hinteren Pereiopoden sind gleichmässig, mit schwachen, einfachen, gekrümmten Klauen.

Abdomen nicht comprimirt. Telson lang-dreieckig, mit abgerundeter Spitze, daselbst mit 6 kurzen Dörnchen.

Unterscheidet sich von *P. tridacnae* (PET.) und *P. maleayrinae* (PET.) durch die ungleichen Scheeren und den schlankeren Körper. Von *tridacnae* noch durch einfache Klauen und von *maleayrinae* durch den Mangel der Zähne des unbeweglichen Scheerenfingers. In der Körpergestalt und durch die ungleichen Scheeren nähert sich diese Art den Mittelmeerarten, unterscheidet sich aber durch stumpfes Rostrum, einfache Klauen und die Bezahnung der Scheerenfinger. *P. flavomaculata* HELL. hat ferner eine scharfrandige Palma der Scheeren, *P. tyrrhena* RISS. stumpfkantige Ränder der Palma.

Dar-es-Salaam, Chokirbank, in den Schalen einer *Pinna*-Art lebend, und zwar je 1 ♂ und 1 ♀. — 7 ♂ 4 ♀. — Bringen mit den Scheerenfingern ein knipsendes Geräusch hervor, ähnlich dem der *Alpheus*-Arten (ORTMANN coll.).

#### *Coralliocaris graminea* (DANA).

*Oedipus graminens* DANA, U. S. Expl. Exp. Crust., 1852, p. 574, pl. 37, fig. 3. PFEFFER, Jahrb. Hamb. Wiss. Anst., II. 1889, p. 34.
*Coralliocaris graminea* (DAN.) STIMPSON, Proc. Acad. Nat. Sc. Philadelphia, 1860, p. 107. MIERS, Rep. Coll. Alert. 1884. p. 563. DE MAN, Arch. f. Naturg., 53, 1, 1887, p. 536.

Dar-es-Salaam, Upanga-Riff, zwischen Korallen, 2 ♂ 1 ♀ (ORTMANN coll.).

Verbreitung: Zanzibar: Changu-Riff (PFEFFER); Seychellen (MIERS); Java: Pulo Edam (DE MAN; Hongkong (STIMPSON); Fidji-Inseln (DANA, DE MAN).

#### *Anchistia ensifrons* DANA.

DANA, U. S. Expl. Exp. Crust., 1852, p. 580, pl. 38, Fig. 1. MÜLLER, Verh. Naturf. Gesellsch. Basel, 8, 2, 1887, p. 471.

Das ♀ mit DANA's Beschreibung völlig übereinstimmend, beim ♂ ist das 2. Beinpaar kräftiger, Merus und Carpus desselben unten distal mit je einem feinen Dorn. Unterrand des Rostrums beim ♂ mit 4, beim ♀ mit 2 Zähnen.

Dar-es-Salaam, Upanga-Riff, zwischen Korallen, 1 ♂, am Wachthaus am Hafeneingang, zwischen Korallen-Geröll, 1 ♀ (ORTMANN coll.).

Verbreitung: Bisher nur von Nord-Borneo: Balabac-Strasse (DANA) und von Ceylon: Trincomali (MÜLLER) angegeben.

Familie: **Hymenoceridae**.

*Hymenocera elegans* HELLER.

Vgl. ORTMANN, Zool. Jahrb., V, 1890, p. 511.

Amboina, 1 Ex. (SEMON coll.).

Verbreitung: Bisher nur aus dem Indischen Ocean bekannt. Rothes Meer: Tur am Sinai (HELLER); Mozambique (HILGENDORF); Mauritius (ORTMANN).

Familie: **Palaemonidae**.

*Leander longicarpus* STIMPSON.

Vgl. ORTMANN, Zool. Jahrb., V, 1890, p. 516.

Bezahnung des Rostrums im Mittel $\frac{6+1}{4-5}$, selten mehr oder weniger Zähne. Höchste Zahl oben: $7+1$, niedrigste: $5+1$, höchste unten: 7, niedrigste: 0.

Carpus des 2. Beinpaares die Spitze der Antennenschuppe erreichend, länger als die Scheere.

Dar-es-Salaam, im Hafen bei der evangelischen Mission, in Wasserlöchern, die bei Ebbe zurückbleiben. Zahlreiche Exemplare. Ferner wurden mir viele Exemplare zusammen mit *Penaeus, Caridina* etc. gebracht, die vielleicht von der Upanga-Mündung stammen.

Verbreitung: Zanzibar (HILGENDORF); Hongkong (STIMPSON); Amboina (DE MAN); Marshall-Inseln (ORTMANN).

*Palaemon lar* FABRICIUS.

Vgl. *Pal. ruber* HESS, ORTMANN, Zool. Jahrb., V, 1891, p. 705.

*Pal. lar* FABR. ORTMANN, ibid. p. 724. DE MAN, in: WEBER, Zool. Erg. Reis. Nied. Ost-Indien, II, 1892, p. 443.

DE MAN (l. c. p. 410) bezweifelt die Brauchbarkeit der Gestalt der Telsonspitze zur Unterscheidung gewisser *Palaemon*-Arten. Ich muss ihm jetzt hierin Recht geben, zunächst was den *P. ruber* und *lar* anbelangt. Dagegen halte ich die von mir angegebene Eigenthümlichkeit der Telsonspitze jedenfalls für *P. lamarrei* aufrecht, von dem ich nunmehr über hundert Exemplare in Händen hatte, die ich stets an dem angegebenen Merkmale erkannte. Auch für *P. jamaicensis* und *rollenhoveni*, die ich jetzt übrigens für identisch halte, scheint mir das breite Ende des Telsons charakteristisch zu sein.

Wo ich sonst (l. c.) dieses Merkmal angewandt habe, mag ebenfalls die Ansicht DE MAN's ihre Richtigkeit haben.

Amboina, Süsswasser, viele Ex. Neu-Guinea, Süsswasser, 4 Ex. (SEMON coll.).

Ganz allgemein im Indo-Pacifischen Gebiet verbreitet: von Madagascar und den Mascarenen über die Ost-Asiatische Inselwelt bis zu den Philippinen, Australien, Fidji und Tahiti. — Von Amboina und Neu-Guinea schon bekannt.

*Palaemon australis* ORTMANN.

*Palaemon* nov. spec. ? DE MAN, Zool. Jahrb., II, 1887, p. 711.

*Palaemon* spec. ? (*P. australis*) ORTMANN, ibid., V, 1891, p. 708.

Diese Art gehört in die allernächste Verwandtschaft von *P. lar*. Mir liegt eine Anzahl erwachsener ♂ vor, bei denen die Scheerenfüsse folgende Verhältnisse zeigen.

Merus, Carpus und Palma ungefähr von gleicher Länge (die Unterschiede betragen höchstens einige Millimeter, z. B.: Merus: 20, Carpus: 22, Palma: 23,5, Finger: 18). Die Finger sind kürzer als die Palma (in der Jugend oft ebenso lang). Die Palma ist sehr schwach comprimirt. Charakteristisch für die Art ist die dichtfilzige Behaarung der Finger, während sonst das ganze Bein fein stachelig erscheint. Beide Finger besitzen auf den Schneiden nahe der Basis je zwei Zähne. Das Rostrum ist ziemlich variabel, über den Augen leicht convex, sonst fast gerade vorgestreckt oder seltener an der Spitze unbedeutend aufgebogen. Es überragt niemals die Antennenschuppe, endigt meist zwischen dem Ende der inneren Antennenstiele und der Spitze der Antennenschuppe. Die Zähne sind: $\frac{7-12}{3-6}$, von den Zähnen des Oberrandes stehen zwei oder drei auf dem Cephalothorax.

Ob *P. danae* HELLER von Sydney hierher zu rechnen ist, würde nur dann entschieden werden können, wenn bei Sydney keine andere *Palaemon*-Art vorkommt. Vorläufig ist *P. danae* nicht identificirbar.

Queensland, Burnett, viele alte und junge Exemplare (SEMON coll.).
Verbreitung: Bisher auf das nordöstliche und östliche Australien beschränkt. Queensland: Gayndah, Rockhampton, Peak Downs (ORTMANN), Sydney (DE MAN).

### *Palaemon elegans* DE MAN.

DE MAN in: WEBER, Zool. Erg. Reis. Niederl. Ost-Ind., II, 1892. p. 440, pl. 26, Fig. 36.
Buitenzorg, 2 Ex. (SEMON coll.).
Verbreitung: Java: Buitenzorg und Sinagar (DE MAN).

### *Palaemon cf. idae* HELLER.

Vgl. ORTMANN. l. c. p. 717.
Mir liegt nur ein jüngeres ♀ vor, dessen Scheeren noch nicht typisch entwickelt sind. Jedenfalls ist der Carpus bedeutend länger als die ganze Scheere, und das Exemplar gehört demnach in die Verwandtschaft von *nipponensis*, *lanceifrons*, *idae* und *dispar*. Nach der Gestalt des Rostrums würde es am besten mit *P. idae* passen, der ja auch von Zanzibar bekannt ist. Mein Exemplar hat oben 8, unten 3 Zähne, am Oberrand scheint jedoch der vorderste unterdrückt zu sein, da der Platz für ihn vorhanden ist.
Dar-es-Salaam, wurde mir von Negern gebracht, wohl Upanga-Mündung.
Verbreitung: Zanzibar (HILGENDORF); Seychellen (RICHTERS!); Mauritius (RICHTERS); Singapur (V. MARTENS); Java (V. MARTENS); Borneo (HELLER); Philippinen (V. MARTENS).

### *Palaemon dispar* V. MARTENS.

Vgl. ORTMANN. l. c. p. 718. THALLWITZ. Abh. Mus. Dresden, 3. 1891. p. 15. DE MAN, in: WEBER etc., 1892, p. 427, pl. 26. Fig. 34.
Amboina, Süsswasser, 2 Ex. (SEMON coll.).
Verbreitung: Mascarenen (HOFFMANN, RICHTERS, MIERS); Sunda-Inseln: Samangkabaai, Tandjong (MIERS), Celebes (THALLWITZ, DE MAN), Amboina (DE MAN), Flores (DE MAN), Adenare bei Flores (V. MARTENS, DE MAN), Timor (DE MAN), Ins. Saleyer (DE MAN); Samoa-Ins. (MIERS).

Eine Anzahl weiterer Exemplare, zur Gattung *Palaemon* gehörig, von Dar-es-Salaam und Amboina lassen sich wegen ihres allzu jugendlichen Zustandes nicht bestimmen.

## Familie: Stenopidae.

### *Stenopus hispidus* (OLIVIER).

MILNE-EDWARDS, H. Nat. Crust., II. 1837. pl. 25. fig 13. ADAMS et WHITE, Zool. Voy. Samarang Crust., 1848, p. 61, pl. 12. fig. 6. DANA. U. S. Expl. Exp. 1852. p. 607, pl. 40, fig. 8. RICHTERS, Beitr. Meeresf. Maur. Seych., 1880, p. 166. DE MAN, Arch. f. Naturg., 53, 1, 1887, p. 566. ORTMANN, Zool. Jahrb., V, 1890, p. 539.
Ob die im Atlantic vorkommende Form (Cuba, Bahama, Bermuda) mit der Indo-Pacifischen identisch ist, bleibt noch zu untersuchen.
Vgl. v. MARTENS, Arch. f. Naturg., 38, 1, 1872, p. 143. BATE, Chall. Macrur., 1888, p. 211. pl. 30. BROOKS et HERRICK, Nation. Acad. Scienc., V, 4. 1892. p. 348, pl. 5.
Amboina: 12 Exemplare.
Verbreitung: Indischer Ocean (MILNE-EDWARDS); Mauritius und Seychellen (RICHTERS); Ceylon (MÜLLER); China-See (ADAMS et WHITE); Philippinen (ADAMS et WHITE); Borneo (ADAMS et WHITE); Balabac-Strasse (DANA); Amboina (DE MAN, ORTMANN); Neu-Guinea (MIERS); Paumotu-Inseln (DANA).

### *Stenopus tenuirostris* DE MAN.

DE MAN, Arch. f. Naturg., 53, 1, 1887, p. 567. pl. 22a, fig. 5.
Amboina: 3 Ex. (SEMON coll.).
Verbreitung: Amboina (DE MAN).

Familie: **Palinuridae**.

*Panulirus polyphagus* (HERBST) 1796.

*Cancer Astacus) polyphagus* HERBST, Krabben und Krebse, II, 1796, p. 90, pl. 32.
*Palinurus ornatus* FABRICIUS, Suppl. Entomol. Syst., 1798, p. 400.
*Palinurus polyphagus* HRST LATREILLE, Annal. Mus. Hist. Nat., Paris, III, 1804, p. 393.
*Palinurus versicolor* LATREILLE, ibid. p. 394.

Der Speciesname *polyphagus* hat, wie aus obigen Citaten hervorgeht, die Priorität. Die übrige Literatur siehe unter *Senex ornatus* (FABR.) bei ORTMANN, Zool. Jahrb., VI, 1, 1891, p. 34.

Die jungen Exemplare von Amboina und Neu-Guinea sind äusserst interessant, weil an ihnen sämmtliche Merkmale der Art vollkommen ausgebildet sind: der dritte Maxillarfuss besitzt keine Exopoditen, die Abdomensegmente zeigen keine Querfurchen und das Antennensegment trägt vier Dornen. Sie besitzen ausserdem eine charakteristische Zeichnung: die Grundfarbe des Körpers ist ein helleres oder dunkleres Braun, der Cephalothorax hat je einen seitlichen weissen Längsstreifen und je einen schrägen weissen Streifen, der von der Mitte des Cephalothorax (dicht hinter der Cervicalfurche) nach hinten und aussen zum hinteren Ende des Seitenstreifens läuft. Die weissen Streifen bilden also eine W-förmige Figur. Die Maasse dieser jungen Exemplare sind folgende: von Amboina: 1) Totallänge: 26 mm, Cephalothorax: 9 mm; 2) Total: 22,5 mm, Cephalothorax 7,5 mm; 3) Cephalothorax 9 mm, die Totallänge lässt sich nicht gut messen, da das Abdomen etwas verdrückt ist. Von Neu-Guinea zeigt ein Exemplar total: 24 mm, Cephalothorax 10 mm, das andere Exemplar ist grösser, aber bei einer Cephalothoraxlänge von schon 19 mm zeigt es noch dieselbe eigenthümliche Färbung. Zwei grössere Exemplare von Amboina von 26,5 mm und 34 mm Cephalothoraxlänge zeigen diese Jugendfärbung nicht mehr. Beide Exemplare sind ♀, zeigen aber noch keine Scheerenbildung an den 5. Pereiopoden. Das Exemplar von der Thursday-Insel ist das grösste, ein ♂ mit 53 mm Cephalothoraxlänge.

Amboina, 2 mittlere ♀, 3 juv. Neu-Guinea, 2 juv., Thursday Island, 1 ♂ (SEMON coll.).

Verbreitung: Von Ost-Afrika bis zu den Samoa-Inseln bekannt.

*Puer spiniger* nov. spec. Tafel II, Fig. 2.

Diese neue Art stimmt vollkommen in der äusseren Körpergestalt und der Bedornung des Cephalothorax mit dem von mir (Zool. Jahrb., VI, 1, 1891, p. 37, pl. 1, fig. 3) beschriebenen *P. pellucidus* von Japan überein, wobei zu bemerken ist, dass bei beiden Arten dicht hinter den Augenhörnern noch je ein feines Dörnchen steht, das ich seiner Zeit übersehen hatte.

*P. spiniger* unterscheidet sich aber von *P. pellucidus* durch den Mangel des Exopoditen am dritten Maxillarfuss, der bei letzterer Art als kurzes, zweigliedriges Stück (vergl. l. c. pl. fig. 3i) vorhanden ist. Ferner verlängert sich bei *P. spiniger* das Sternum jederseits an der Basis der 5. Pereiopoden nach hinten in einen spitzen Dorn. Dieser Dorn fehlt bei der anderen Art.

Man könnte auf den Gedanken kommen, dass die Arten dieser Gattung als Jugendformen zur Gattung *Panulirus* zu ziehen sind. Jedoch die oben erwähnten jugendlichen Exemplare von *Panulirus polyphagus*, die den vorliegenden Exemplaren und denen des *Puer pellucidus* in der Körpergrösse gleich stehen, machen mir jetzt dieses Verhältniss unwahrscheinlich, da jene schon alle zur specifischen Unterscheidung der *Panulirus*-Arten nöthigen Merkmale erkennen lassen, und selbst in untergeordneten Charaktern, wie Bedornung des Cephalothorax, erwachsenen Exemplaren ähneln. Die Gattung *Puer* weicht dagegen besonders in der Gestaltung und Bewehrung des Cephalothorax, des Antennensegmentes so wesentlich von allen Arten der Gattung *Panulirus* ab, dass sie mit dieser nicht in Beziehung gesetzt werden kann. Ob sie dagegen überhaupt als erwachsene Formen anzusehen sind, oder als Jugendformen irgend einer anderen unbekannten *Palinuriden*-Form, bleibt vorläufig noch dahingestellt.

Amboina, 4 Ex. (SEMON coll.).

Familie: **Scyllaridae**.

Gattung: *Scyllarus*.

Den *Sc. haani* habe ich (Zool. Jahrb., VI, 1, 1891, p. 40) irrthümlicher Weise für identisch mit *Sc. sieboldi* erklärt, da mir kein echter *haani* vorlag. Um das gegenseitige Verhältniss der bekannten *Scyllarus*-Arten klarzulegen, mag folgende Tabelle von Nutzen sein.

a. Carpus der ersten und zweiten Pereiopoden oben mit je zwei scharfen Kielen, von denen besonders der vordere der ersten Perciopoden oft flügelartig erhaben ist. Auch die Meren und Carpen der übrigen Beine mit ähnlichen flügelartigen Kielen. Cephalothorax und Abdomen nur schwach buckelig. *Sc. sieboldi* D. H.[1])

aa. Carpus der ersten und zweiten Pereiopoden oben ohne Kiele, höchstens nur mit ein bis zwei undeutlichen, stumpfen Wülsten.

b. Kiele auf den Meren der 1.—4. Pereiopoden, sowie der vordere Kiel auf den Carpen der dritten und vierten Pereiopoden stark flügelartig erhaben (etwa ¼ der Breite des betreffenden Gliedes betragend). Propodus des zweiten Pereiopoden oben mit deutlicher Kante.

c. Abdomen schwach buckelig. Zweites freies Glied der äusseren Antennen an der vorderen äusseren Ecke mit hakenförmig nach oben gekrümmtem Dorn. *Sc. latus* LATR.[2])

cc. Abdomen auf dem 2., 3. und besonders 4. Segment stark buckelig erhaben. Zweites freies Glied der äusseren Antennen mit geradem, nicht hakenförmigem Dorn.
*Sc. haani* D. H.

bb. Kiele der Meren nicht auffällig flügelartig erhaben, ebenso die der Carpen. Zweites Glied der äusseren Antennen mit geradem, nicht hakenförmigem Dorn. Propodus der 2. Pereiopoden völlig gerundet, ohne Kante.

c. Abdomensegmente nicht auffällig buckelig erhaben. Cephalothorax hinter den Augen seitlich fast ganz ohne Kerbe. *Sc. aequinoctialis* FABR.[3]) und *herklotsi* HERKL.[4])

cc. Abdomensegmente buckelig erhaben, besonders der 3. und 4. Cephalothorax hinter den Augen seitlich mit je einer deutlichen Kerbe. *Sc. elisabethae* nov. spec.

## *Scyllarus haani* DE HAAN.

DE HAAN, Faun. japonic. dec., 5, 1841, p. 152, pl. 38, fig. 1. MIERS, Ann. Mag. Nat. Hist. (5), V, 1880, p. 377. DE MAN, Arch. f. Naturg., 53, 1. 1887, p. 485.

Amboina, 1 ♀ (SEMON coll.).

Verbreitung: Japan (DE HAAN); Amboina (DE MAN); Aru-Insel (MIERS).

## *Scyllarus elisabethae* nov. spec. Taf. II, Fig. 3.

Diese Art unterscheidet sich von allen übrigen schon im Habitus, dessen Eigenthümlichkeit durch die scharfe Kerbe des Seitenrandes bedingt wird.

Der Cephalothorax ist mit dichtstehenden rundlichen Körnern bedeckt, wie bei den übrigen Arten, doch vermisse ich bei dem vorliegenden Exemplar die sonst in den Furchen stehenden Haare, die jedoch, da das Exemplar trocken conservirt ist, abgerieben sein können. Die Buckel des Cephalothorax sind ziemlich deutlich ausgebildet, stärker als bei *Sc. aequinoctialis*. Das Abdomen zeigt auf dem 2. bis 5. Segment in der Mitte je einen Buckel, der besonders auf dem 3. und 4. auffällt, jedoch sind diese Buckel nicht so auffallend wie bei *Sc. haani*. Die Sculptur des Abdomen ist ähnlich der des Cephalothorax. Die Epimeren des 2. Abdomensegmentes zeigen, im Gegensatz zu allen übrigen Arten, am Vorderrand keine Zähne.

Auch die äusseren Antennen weichen in der Gestalt des zweiten freien Gliedes nicht unwesentlich von den übrigen Arten ab: der Aussenrand bildet nahe der Basis nicht die scharfe, fast rechtwinklige Umbiegung, die sich bei den anderen Arten beobachten lässt, sondern verläuft von der Insertionsstelle genau in einem Halbkreis nach aussen und vorn, um erst dann in flacherem Bogen zur Spitze zu ziehen. Die Länge dieses Gliedes, von der Mitte der Insertion am ersten freien Gliede bis zur äusseren vorderen Spitze gemessen, ist deshalb etwas so gross wie seine Breite nahe der Basis, von der Spitze des Dornes am Innenrande zu der Stelle des Aussenrandes gemessen, die der äusseren Vorderecke des Cephalothorax gegenüberliegt. Bei den übrigen Arten ist die Breite deutlich beträchtlicher als die Länge.

Die Kiele auf den Pereiopoden sind bei dieser Art am schwächsten von allen entwickelt. Man kann nur auf den Meren, sowie den Carpen des 3. und 4. Beinpaares solche unterscheiden. Die Meren und Carpen sind theils mit Körnern wie der Cephalothorax, theils mit grubigen Vertiefungen besetzt, eine Sculptur, die sich in dieser Weise bei keiner der anderen Arten findet.

Capland: Port Elisabeth, 1 ♂ (im Mus. Strassburg).

---

[1] DE HAAN, Faun. japon. dec. 5, 1841, p. 152, pl. 36 und 37, fig. 1. STIMPSON, Proceed. Acad. Nat. Sc. Philadelphia, 1860, p. 92. ORTMANN, l. c. 1891, p. 40, z. T. Japan, Liu-Kiu Inseln. Ferner Mauritius (Mus. Strassburg). Vielleicht identisch mit *Sc. squamosus* M.-E. (Hist. Nat. Crust., II, 1837, p. 284).
[2] Vgl. ORTMANN, l. c. 1891, p. 38. — Mittelmeer. Canarische Inseln.
[3] Vgl. ORTMANN, ibid. p. 39. — West-Indien und Brasilien.
[4] HERKLOTS, Addit. faun. carcin. Afric. occid., 1851, p. 14, pl. 2. — West-Afrika.

Familie: **Homaridae**.

*Enoplometopus pictus* A. MILNE-EDWARDS.

Vgl. MIERS. Ann. Mag. Nat. Hist. (5). V, 1880, p. 380. DE MAN, Arch. f. Naturg., 53, 1, 1887, p. 486, pl. 21, fig. 3.

MIERS (l. c.) glaubt gesehen zu haben, dass bei dieser Art am 2. Maxillarfuss der Epipodit (Mastigobranchie) fehlt, während die Kieme (Podobranchie) entwickelt sei: ich kann diesen Befund n i c h t bestätigen. Sowohl am 2. als auch am 3. Maxillarfuss ist Kieme und Epipodit in der gewöhnlichen Weise entwickelt, die erstere nur wenig kürzer als der letztere. Am 2. Maxillarfuss sind beide Theile schwächer als am dritten, wie gewöhnlich. Es würde dieses Merkmal die Gattung *Enoplometopus* näher zu *Homarus* bringen und von *Nephrops* trennen, vorausgesetzt, dass das Fehlen der Podobranchie am 2. Maxillarfuss bei den Arten von *Nephrops* allgemein vorkommt.

Amboina, 2 Ex. (SEMON coll.).

Verbreitung: Réunion (A. MILNE-EDWARDS); Amboina (MIERS, DE MAN).

Familie: **Astacidae**.

*Cheraps bicarinatus* (GRAY).

Vgl. ORTMANN, Zool. Jahrb., VI, 1, 1891. p. 7.

Queensland, Burnett, 8 Ex. (SEMON coll.).

Verbreitung: Port Essington (GRAY); Cap York (v. MARTENS); Queensland: Rockhampton (ORTMANN); Murrayfluss (v. MARTENS).

Familie: **Thalassinidae**.

*Thalassina anomala* (HERBST).

Vgl. ORTMANN. l. c. p. 52. THALLWITZ, Abh. Mus. Dresden. 1891, p. 30.

Amboina, 2 Ex. (SEMON coll.).

Verbreitung: Von Ceylon über den malayischen Archipel und die Pacifischen Inseln angeblich bis Chile. — Den von mir l. c. angeführten Fundorten sind folgende hinzuzufügen: Borneo, N.-W.-Australien und Thursday Isl. (MIERS); Celebes, Mysore, Amboina, Sumba (THALLWITZ). Ferner sah ich Exemplare, die Herr Dr. FRITZE von den Liu-Kiu-Inseln mitbrachte. Letztere sollen ihm „aus dem Walde" gebracht sein. Nach MIERS (Alert, 1884, p. 283) lebt die Art in Mangrove-Sümpfen.

Familie: **Callianassidae**.

Gattung: *Gebia*.

Ueber die Arten der Gattung *Gebia* herrscht noch sehr viel Unklarheit. Ich will hier versuchen, eine Anzahl derselben tabellarisch zusammenzustellen.

  a. Palma der Scheeren an der Innenseite, nahe dem Unterrande, kurz vor der Basis des unbeweglichen Fingers ohne Dorn.
    b. Carpus der Scheerenfüsse am Unterrande mit einem Dorn. Merus der 1. und 2. Pereiopoden am distalen Ende des Oberrandes mit einem Dorn.
      c. Carpus oben distal mit einem Dorn.                          *G. litoralis* (RISS)[1]).
      cc. Carpus oben mit einem Dorn, ferner mit einem Dorn dicht daneben an der Innenseite. Auf der Aussenseite nahe dem Unterrande eine Reihe Dörnchen.       *G. major* D. H.[2]).
    bb. Carpus der Scheerenfüsse am Unterrande ohne Dorn.         *G. hirtifrons* WHITE[3]).
  aa. Palma der Scheeren ebenda mit einem Dorn.
    b. Merus der 1. und 2. Pereiopoden am Oberrande ohne Dorn.       *G. africana* n. spec.
    bb. Merus der 1. und 2. Pereiopoden am Oberrande distal mit einem Dorn. Telson mit einer scharfen Querleiste nahe dem vorderen Rande.
      c. Ischium des 1. Beinpaares, und Basis des 2. und 3. Beinpaares ohne Dornen.
                                                                               *G. barbata* STRAHL.

---

1) Vgl. ORTMANN, Zool. Jahrb., VI, 1, 1891, p. 53. — Europa.
2) Vgl. ORTMANN, ibid. p. 54. — Japan.
3) Vgl. HASWELL, Catal. Austral. Crust. 1882, p. 164. — Australien.

cc. Ischium des 1. Beinpaares mit 2 Dornen. Basis des 2. und 3. Beinpaares mit je einem kurzen Dorn. *G. carinicauda* STPS.[1]).

## *Gebia africana* nov. spec. Tafel II, Fig. 4.

Stirn wie gewöhnlich mit zwei seitlichen Furchen, deren jede aussen durch eine Körnerreihe begrenzt wird, die nach vorn mit einem spitzen Zahn vorspringt. Der dazwischen liegende Theil ist etwa oval, vorspringend, spitzlich, in der Mitte mit einer Längsfurche, seitlich von dieser Furche stehen zwei Körnerreihen, die äussere Reihe verläuft am freien Rande des mittleren Stirnfortsatzes und zwar stehen an dem freien Rande selbst vor der seitlichen Kerbe je 4—5 Körner, die kurz dornförmig nach oben gerichtet sind. Das vorderste Dörnchen jederseits ist von den anderen etwas abgerückt.

Stiele der inneren Antennen kürzer als die der äusseren, bis zur Spitze des vorletzten Gliedes der letzteren reichend.

Merus des 1. und 2. Beinpaares oben unbewehrt. Merus des 1. Beinpaares am Unterrande mit einer Reihe etwas ungleicher Dörnchen. Carpus des 1. Beinpaares oben mit einem kürzeren, unten mit einem längeren Dorn, seine Aussenseite nahe dem Unterrande mit einem glatten Kiel, der nach vorn in ein kurzes Dörnchen endigt. Palma der Scheere an der Innenseite, nahe dem Unterrande und nahe der Basis des unbeweglichen Fingers mit einem Dorn. Ebenda steht eine Anzahl Körner, von denen eines, dicht an der Basis des beweglichen Fingers, dornförmig ist. Diesem gegenüber steht auf der Aussenseite der Palma, dicht an der Basis des beweglichen Fingers, ein ähnliches Dörnchen. Auch nahe dem Unterrande der Palma stehen auf der Aussenseite einige spitze Körner und Dörnchen. Beweglicher Finger über doppelt so lang als der unbewegliche, am Oberrand und auf der Aussenfläche desselben verläuft je eine Reihe spitzer Körner.

Ischium des 1. Beinpaares mit einem oder zwei kleinen spitzen Körnern. Die Basen der folgenden Beinpaare sind unbewehrt.

Das Telson fehlt bei meinem Exemplare.

Der Fundort dieser Form legt es nahe, sie mit den beiden schon vom Cap bekannten Arten zu vergleichen. Leider ist die *G. major* var. *capensis* bei KRAUSS (Südafrik. Crustac., 1843, p. 54) viel zu unvollständig beschrieben. Die *G. subspinosa* bei STIMPSON (Proceed. Acad. Nat. Sc. Philadelphia, 1860, p. 91) scheint ihr nahe zu stehen. Aber STIMPSON beschreibt auf der Innenseite der Hand zwei Dornen an der Basis des Dactylus und ferner sollen die Beine des 1., 2. und 3. Paares an der Basis einen spitzen Dorn zeigen.

Port Elisabeth, ein sehr verletztes, trocken conservirtes Exemplar (im Mus. Strassburg).

## *Gebia barbata* STRAHL.

? *G. barbata* STRAHL, Mon. Ber. Akad. Wiss. Berlin, 1861, p. 1062, fig. 7—9.
*G. barbata* ORTMANN, Zool. Jahrb., VI, 1, 1891, p. 54, pl. 1, fig. 8.

Ein mir von Amboina vorliegendes Exemplar stimmt vollkommen mit dem seiner Zeit von mir erwähnten Exemplaren von den Samoa-Inseln. Es steht diese Form der *G. carinicauda* (l. l. c. c.) sehr nahe, unterscheidet sich aber sofort durch den Mangel der Dornen an der Basis der 2. und 3. Pereiopoden; auch am Ischium der 1. Pereiopoden steht kein Dorn, sondern nur ein Körnchen.

Mittlerer Theil der Stirn (zwischen den Seitenfurchen) verhältnissmässig wenig vorspringend, ohne mittlere Längsfurche, mit 4 Dörnchen.

Merus der 1. und 2. Pereiopoden am Oberrande distal mit einem Dörnchen. Ischium der 1. Pereiopoden unten mit einem kleinen Körnchen, das bisweilen ganz undeutlich ist. Merus am Unterrande gezähnelt. Carpus am Oberrande mit einem kleinen Dörnchen, am Unterrande unbewehrt. Palma mit einem Dorn auf der Innenseite nahe dem Unterrande, sonst ohne Dornen.

Zweites und drittes Beinpaar an der Basis unbewehrt. Telson mit einem Querkiel nahe dem vorderen Rande.

Ob diese Art mit der *G. barbata* STRAHL wirklich identisch ist, lässt sich wegen der mangelhaften Beschreibung der letzteren nicht entscheiden. Es würde wohl am besten sein, die *barbata* STRAHL als „nomen nudum" anzusehen.

Amboina, 1 Ex. (SEMON coll.).

Verbreitung: Samoa-Inseln (ORTMANN); STRAHL giebt die Philippinen an.

---

[1]) STIMPSON, Proceed. Acad. Nat. Sc., Philadelphia, 1860, p. 91. MIERS, Rep. Zool. Coll. Alert, 1884, p. 280. DE MAN, Journ. Linn. Soc. Zool., 22, 1888, p. 256. — Mergui-Ins., China, Torres-Strasse.

Untergattung: *Gebiopsis.*

Vgl. ORTMANN, Ergebn. Plankton-Exp. Decap. Schizop., 1893, p. 50.

### *Gebia (Gebiopsis) intermedia* DE MAN.

DE MAN, Arch. f. Naturg. 53, 1, 1887, p. 462 (var.), DE MAN, Journ. Linn. Soc. Zool., 22, 1888, p. 256, pl. 16, fig. 6—8.

Die vorliegenden Exemplare stimmen mit der typischen *intermedia* und nicht mit der von DE MAN als var. *amboinensis* angeführten Form, die aber vielleicht nur als Jugendform aufzufassen ist.

Amboina, 2 Ex. (SEMON coll.).

Verbreitung: Mergui-Inseln und Amboina (DE MAN).

### *Gebia (Gebiopsis) hexaceras* nov. spec. Tafel III, Fig. 1.

Körner des vorderen Theiles des Cephalothorax gegen die Stirn grösser, dörnchenartig werdend. Stirn zwischen den Vorderenden der seitlichen Furchen vorspringend, daselbst mit **sechs** Dörnchen besetzt, von denen die beiden mittleren dicht neben einander stehen, während je die beiden seitlichen von diesen etwas ferner stehen und ebenso weit unter sich und auch von den Dornen, die die seitlichen Furchen nach aussen begrenzen, entfernt sind. Alle diese Dörnchen sind kurzbogenförmig aufgerichtet.

Merus der Scheerenfüsse am Unterrande mit ähnlichen feinen Dörnchen wie *G. intermedia*, aber nur im proximalen Theil. Carpus unbewehrt, d. h. es fehlen die kräftigeren Dornen der *G. intermedia* oben und unten. Dagegen findet sich oben ein ganz feines Stachelchen, sowie einige Höcker. Scheerenfinger ziemlich schlank, ähnlich denen von *G. intermedia*. Carpus der 5. Pereiopoden etwa so lang wie der Propodus.

Stiele der inneren Antennen auffällig kürzer als die der äusseren, kaum bis zum Ende des vorletzten Stielgliedes der letzteren reichend.

Telson ähnlich dem von *G. intermedia*, aber die seitlichen Leisten sind schwächer, nebst der vorderen auf der Oberfläche nicht rauh. Die Vertiefungen sind undeutlich.

Unterscheidet sich durch die Bildung der Stirn von sämmtlichen übrigen Arten. Das Längenverhältniss der Stiele der inneren und äusseren Antennen ist ähnlich wie bei *G. isodactyla*, mit der sie bis auf den Bau der Stirn sonst die meiste Aehnlichkeit zeigt.

Thursday Island, 2 Ex. (SEMON coll.).

### *Callianassa mucronata* STRAHL.

STRAHL, Mon. Ber. Ak. Wiss. Berlin 1861, p. 1056. A. MILNE-EDWARDS, Nouv. Arch. Mus., II, 1870, p. 94. DE MAN, Arch. f. Naturg., 53, 1, 1887, p. 484, pl. 21, fig. 2. ORTMANN, Zool. Jahrb., VI, 1, 1891, p. 57.

In der Länge des Stirnstachels scheint diese Art zu variiren. Das eine der mir jetzt vorliegenden Exemplare stimmt völlig mit der Abbildung bei DE MAN überein, ein anderes (das grösste) zeigt einen noch längeren Stirnstachel, etwa ³/₄ der Augenstiele, beim dritten Exemplar ist er viel kleiner, genau so gross, wie bei dem von mir (l. c.) von den Malediven erwähnten Exemplare.

Amboina, 3 Ex. (SEMON coll.).

Verbreitung: Malediven (ORTMANN); Amboina (DE MAN); Philippinen (STRAHL).

### Familie: Galatheidae.

### *Galathea elegans* ADAMS et WHITE.

*Gal. elegans*, ADAMS et WHITE, Zool. Voy. Samarang. Crust., 1848, pl. 12, fig. 7. HASWELL, Catal. Austr. Crust., 1882, p. 163. MIERS, Rep. Zool. Coll. Alert, 1884, p. 278. DE MAN, Arch. f. Naturg., 53, 1, 1887, p. 455.
*Gal. grandirostris* STIMPSON, Proceed. Acad. Nat. Sc., Philadelphia 1858, p. 252.

*G. longirostris* DANA (U. S. Expl. Exp., 1852, p. 482, pl. 30, fig. 11) von den Fidji-Inseln unterscheidet sich nur durch etwas kürzeres Rostrum, das an den Seiten etwas weniger Zähne besitzt. Ich möchte sie mit dieser Art vereinigen.

Ischium des 3. Maxillarfusses etwa so lang als der Merus. Merus mit 2 Dornen am Innenrande, der eine am distalen Ende, am Aussenrande ohne Dornen. Erste Pereiopoden mit Epipodit (Mastigobranchie), die übrigen ohne solche.

Für die von mir (Zool. Jahrb., VI, 1892, p. 248—40) angeführten Arten habe ich betreffs des Vorhandenseins von Epipoditen nachzutragen: *C. australiensis* und *orientalis* besitzen nur am 1. Pereiopodenpaar Epipoditen, *G. affinis* überhaupt keine an Pereiopoden. Die Arten der Gattung *Galathea* bilden somit drei Gruppen: 1) Mit 3 Epipoditen an den drei ersten Pereiopoden: *G. squamifera*, *G. nexa* (identisch mit letzterer ist wohl *G. dispersa*), 2) Mit nur einem Epipodit an dem ersten Pereiopoden: *G. intermedia, australiensis, orientalis, elegans*. 3) Ohne Epipoditen an Pereiopoden: *G. strigosa, affinis*.

**Amboina.** 1 Ex. (SEMON coll.).
**Verbreitung**: Süd-Japan: Kagoshima (STIMPSON); Philippinen (MIERS); Borneo (MIERS); Amboina (DE MAN); Queensland (HASWELL, MIERS).

### Gattung: *Munida*.

Die vorliegende Art gehört in eine Gruppe der Gattung, die sich durch eine Querreihe von Dörnchen hinter dem Stirnrande auszeichnet. Die Arten dieser Gruppe lassen sich in folgender Weise unterscheiden:
  a. Abdomensegmente ohne Dornen.                                                                *M. japonica* STPS.[1]).
  aa. Abdomensegmente mit Dornen am Vorderrande.
    b. Augen sehr klein.                                                                   *M. microphthalma* A. M.-E.[2]).
    bb. Augen grösser.
      c. Zwei Dornen auf dem zweiten Abdomensegment, die übrigen Segmente ohne Dornen. (Bisweilen fehlen auch die auf dem zweiten.)     *M. edwardsi* MRS.[3]) *M. inornata* HEND.[4]).
      cc. Sechs Dornen auf dem zweiten Segment, sonst keine.
        d. Supraoculardornen viel kürzer als die Augen. Merus des 3. Maxillarfusses mit 2 Dornen.
                                                                                                          *M. heteracantha* ORTM.[5]).
        dd. Supraoculardornen so lang wie die Augen. Merus des 3. Maxillarfusses mit 3 Dornen. Dornen des Cephalothorax und Abdomen klein.                     *M. semoni* nov. spec.
        ddd. Supraoculardornen länger als die Augen. Merus des 3. Maxillarfusses mit 3 Dornen. Dornen des Cephalothorax und Abdomen auffällig gross.               *M. spinosa* HEND.[6]).
      ccc. Acht bis zehn Dornen auf dem 2. Segment, sonst keine.
                                                              *M. militaris* HEND.[7])   *M. sanctipauli* HEND.[8]).
      cccc. Zweites und drittes Abdomensegment mit Dornen.
                                           *M. miles* A. M.-E.[9])   *M. spinulifera* MRS.[10])   *M. gracilis* HEND.[11]).

Hierher würden auch *M. spinifrons* HEND.[12]) und *M. tuberculata* HEND.[13]) gehören, die sich aber durch ganz eigenthümliche Merkmale von den übrigen unterscheiden.

### *Munida semoni* nov. spec.   Tafel I, Fig. 2.

Cephalothorax mit Rostrum 15 mm lang, das Rostrum ist 5 mm, die Supraoculardornen 2,5 mm lang. Rostrum etwa halb so lang als der übrige Cephalothorax, gerade vorgestreckt, an der Spitze schwach aufgebogen, etwa doppelt so lang als die Supraoculardornen, die schwach aufwärts gerichtet sind. Hinter dem Rostrum auf der Gastricalgegend eine Querreihe von 13 Dörnchen, eines davon in der Mittellinie. Jederseits das zweite von der Mittellinie an steht hinter dem Supraoculardorn und ist grösser. Dicht hinter dem Dörnchen in der Mittellinie steht ferner noch ein Dörnchen. Vorderseitenecken des Cephalothorax mit einem langen Dorn, auf diesen folgen am Seitenrande vor der Cervicalfurche 3 Dörnchen, von denen das vorderste rudimentär ist, hinter der Cervicalfurche stehen noch 5 Dörnchen. Auf der Gastricalgegend steht hinter dem Dorn der Vorderseitenecke noch ein Dörnchen, und ferner finden sich zwei weitere schräg hinter einander dicht hinter der Cervicalfurche. Der hintere Theil des Cephalothorax ist unbewehrt.

Zweites Abdomensegment am Vorderrande mit 6 Dörnchen, die zwei medianen der Mittellinie genähert, je die zwei seitlichen einander genähert und von den medianen entfernt. Die übrigen Abdomensegmente ohne Dörnchen.

Augen mittelmässig, die Supraoculardornen nicht überragend, mit kurzen Haarfransen. Aeussere

---

1 Vgl. ORTMANN, Zool. Jahrb., VI. 1892. p. 254. — Japan.
2 Vgl. HENDERSON, Chall. Anomur., 1888, p. 127. — Atlantic. Antarctic.
3 MIERS, Rep. Coll. Alert. 1884, p. 500, pl. 51, fig. A. DE MAN, Arch. f. Naturg., 53, 1, 1887, p. 453. — Amiranten. Amboina.
4 HENDERSON, l. c. 1888, p. 120, pl. 14, fig. 6. — Neu-Guinea.
5 ORTMANN, l. c. 1892, p. 255, ;l. 11, fig. 12. — Japan.
6 HENDERSON, l. c. 1888, p. 128, pl. 3, fig. 3. — Süd-Atlantic. Antarctic.
7 HENDERSON, l. c. 1888, p. 137, pl. 14, fig. 2 und 5. — Indischer Archipel, Pacific.
8 HENDERSON, l. c. 1888, p. 142, pl. 3, fig 6. — St. Paul's Rock.
9 Vgl. HENDERSON, l. c. 1888, p. 126. — West-Indien.
10 MIERS, Rep. Coll. Alert. 1884, p. 278, pl 31, fig. B auf der Tafel irrthümlich als A bezeichnet. HENDERSON, l. c. 1888, p. 128. — Amboina und Arafura-See.
11 HENDERSON, l. c. 1888, p. 143, pl. 14, fig. 4. — Neu-Seeland.
12 HENDERSON, l. c. 1888, p. 144, pl. 15, fig. 1. — Fernando Noronha.
13 HENDERSON, l. c. 1888, p. 145, pl. 15, fig. 2. — Pacific.

Antennen mit zwei schlanken Stacheln. Ischium des dritten Maxillarfusses am distalen Ende des Unterrandes mit einem Stachel, Merus am Unterrand mit drei Stacheln.
Scheerenfüsse des ♂ schlank, fast cylindrisch, mit schuppigen, nur wenig bedornten Gliedern. Palma länger als der Carpus. Finger etwa so lang als die Palma, zusammenschliessend. Zweite, dritte und vierte Pereiopoden mit am Ober- und Unterrand dornigen Meren und Carpen, Propoden nur am Unterrand dornig.
Sexualanhänge beim ♂ vorhanden.
Amboina, 2 Ex. (SEMON coll.).

### Familie: Porcellanidae.

### Gattung: *Petrolisthes*.

Die von mir (Zool. Jahrb., VI, 1892, p. 258) zusammengestellte Gruppe A.A. B. dieser Gattung, also die Arten, wo der Vordertheil des Cephalothorax nur vor den Augen etwas abwärts geneigt ist, wo der Carpus der Scheerenfüsse am Vorderrand einen oder mehrere Zähne besitzt, und wo der Cephalothorax unbehaart ist und auch keine scharfen Querlinien zeigt, würde ich nunmehr in folgender Weise gliedern:
A.A. B.
  C. Hinterrand des Carpus der Scheerenfüsse mit ungezähnter Leiste, die an der distalen Ecke als Dorn vorspringt. Ohne Epibranchialstacheln.
    D. Oberfläche des Cephalothorax höckerig. Vorderrand des Carpus der Scheerenfüsse nur am proximalen Ende mit einem Zahn[1]).     *P. mossambicus* (HLGDF.[2]).  *P. indicus* DE MAN[3]).
    DD. Oberfläche des Cephalothorax nicht höckerig. Vorderrand des Carpus mit mehreren Zähnen.
      E. Meren der hinteren Pereiopoden oben und unten ohne Dörnchen.   *P. leptocheles* (HELL.[4]).
      EE. Meren der hinteren Pereiopoden oben und unten mit Dörnchen in variabler Anzahl.
        F. Scheeren gedrungener. Zähne des Carpus schärfer.   *P. hastatus* STPS.[5]).
        F.F. Scheeren schlanker. Zähne des Carpus schwach und wenig vorragend.
                                                                           *P. teukatei* D. M.[6]).
  CC. Hinterrand des Carpus der Scheerenfüsse mit einer in mehr oder weniger grossen Ausdehnung gezähnten Leiste.
    D. Vorderrand des Carpus nur am proximalen Ende mit einem Zahn, selten noch entfernt von dem ersten in der Mitte mit einem zweiten, spitzen Zahn. Hinterrand am distalen Ende mit einer Reihe von zwei bis drei Zähnen. Ohne Epibranchialstachel.   *P. japonicus* (D. H.)[7]).
    DD. Vorderrand des Carpus mit mehreren, genäherten Zähnen. Auch am Hinterrand meist mehr Zähne.
      E. Meren der hinteren Pereiopoden am Oberrand ohne Dörnchen. Epibranchialstachel vorhanden oder fehlend.   *P. lamarcki* (LEACH).
      EE. Meren der hinteren Pereiopoden am Oberrand mit Dörnchen. Epibranchialstachel vorhanden.

---

[1] Hierher vielleicht: *P. unilobatus* HENDERSON, Chall. Anom., 1888, p. 106, pl. 11, fig. 3, von Tongatabu, mit nur einem Zahn am Vorderrand des Carpus und nicht höckerigem Cephalothorax.
[2] *Porcellana mossambica* HILGENDORF, Mon. Ber. Ak. Wiss. Berlin, 1878, p. 825, pl. 2, fig. 6. — Mozambique.
[3] DE MAN, Not. Leyd. Mus., 15, 1893, p. 293, pl. 7, fig. 3 (Vgl. daselbst die Unterschiede von voriger Art.) — Flores.
[4] *Porcellana leptocheles* HELLER, Sitz. Ber. Ak. Wiss. Wien, 44, 1861, p. 258, pl. 2, fig. 6. Vgl auch DE MAN, Not. Leyd. Mus., 15, 1893, p. 292. — Rothes Meer.
[5] Vgl. ORTMANN, l. c. 1892, p. 260, nebst den dort angegebenen Synonymen. Die Exemplare des *hastatus*, die mir von den Liu-Kiu-Ins. vorliegen, variiren in der Bedornung der Meren der hinteren Pereiopoden. Ich finde z. B. auf den 2. und 3. Pereiopoden distal ein Dörnchen, dann auf den 2., 3. und 4. Pereiopoden ein ebensolches Dörnchen, und ferner (bei grossen Exemplaren) auf den 2. und 4. oben ein distales, auf dem 3. oben zwei, ein distales und ein proximales. Ich muss also *hastatus* und *inermis* für identisch halten — Liu-Kiu-Ins., Java, Flores, Mergui-Ins.
DE MAN (Journ. Linn. Soc., 22, 1888, p. 214) hat von A. MILNE-EDWARDS ein angeblich typisches Exemplar der *Porc. lamarcki* MILNE-EDWARDS (Hist Nat. Crust., II, 1837, p. 251) von Neu-Irland erhalten; dasselbe würde auch hierher gehören. Ich bezweifle aber, dass das Exemplar typisch war, denn es entspricht nicht der Beschreibung in der H. N. Cr., p. 251, Zeile 23 v. o., wo wörtlich steht: „Une petite crête denticulée au dessus de son bond postérieur" (i. e. du carpe). Nach diesem Satze kann *lamarcki* nicht in die *hastatus*-Gruppe gehören. Vgl. unten.
[6] DE MAN, Not. Leyd. Mus., 15, 1893, p. 289, pl. 7, fig. 2. — Flores.
[7] Vgl. ORTMANN, l. c. p. 261 (mit Synonym: *inermis* HASWELL). — Japan, Liu-Kiu-Ins., Bonin-Ins., China, Australien, Mergui-Ins. — In Neu-Seeland wird diese Art von *Petr. elongatus* M.-E.) ersetzt, der sich durch gedrungeneren Carpen der Scheerenfüsse und weniger schlanke Gehfüsse unterscheidet. Auch ist bei letzterem der Seitenrand des Cephalothorax schärfer und die Gastricalgegend trägt zwei schwache Erhabenheiten. Vgl. HASWELL, Catal. Austral. Crust., 1882, p. 140.

F. Zweite bis vierte Pereiopoden oben mit je einem Dörnchen nahe dem distalen Ende. Carpus der Scheerenfüsse schlanker, zweimal so lang wie breit. *P. leporinoides* ORTM.[1]).
FF. Zweite bis vierte Pereiopoden mit je einer Reihe von 5—6 Dörnchen. Carpus der Scheerenfüsse gedrungener, 1½ mal so lang wie breit. *P. moluccensis* D. M.[1]).

### *Petrolisthes lamarcki* (LEACH).

*Pisidia lamarckii* LEACH, Diction. Scienc. Natur., t. 18, 1820, p. 54.
*Pisidia asiatica* LEACH ibid.
*Porcellana lamarckii* (LEACH) MILNE-EDWARDS, Hist. Natur. Crust., II, 1837, p. 251.
*Porcellana dentata* MILNE-EDWARDS, ibid.
*Porcellana speciosa* DANA, U. S. Expl. Exp. Crust., 1852, p. 417, pl. 26, fig. 8.
*Petrolisthes speciosus* (DAN.) STIMPSON, Proceed. Acad. Nat. Sc. Philadelphia, 1858, p. 241.
*Porcellana rufescens* HELLER, Sitz. Ber. Akad. Wiss. Wien, 44, 1861, p. 255, pl. 2, fig. 4. HELLER, Crust. Novara, 1865, p. 76.
*Porcellana bellis* HELLER, Novara, 1865, p. 76, pl. 6, fig. 4.
*Porcellana (Petrolisthes) rufescens* HELL. HILGENDORF, Mon. Ber. Ak. Wiss. Berlin, 1878, p. 825, pl. 2, fig. 7.
*Petrolisthes dentatus* (M.-E.) HASWELL, Catal. Austral. Crust., 1882, p. 146.
*Petrolisthes lamarcki* (LEACH). MIERS, Rep. Zool. Coll. Alert, 1884, p. 268 und 557.
*Petrolisthes lamarcki var. asiaticus* (LEACH) MIERS, ibid. p. 269 und 557.
*Petrolisthes haswelli* MIERS, ibid., p. 296, pl. 29, fig. A.
*Porcellana (Pethrolisthes) dentata* DE MAN, Arch. f. Naturg., 53, 1, 1887, p. 409, pl. 18, fig. 7.
*Porcellana dentata* DE MAN, Journ. Linn. Soc. Zool., 22, 1888, p. 216.
*Petrolisthes dentatus* (M.-E.) ORTMANN, Zool. Jahrb., VI, 1892, p. 262.
*Petrolisthes speciosus* (DAN ) ORTMANN, ibid.

Ich habe (l. c.) den *P. speciosus* von *dentatus* getrennt, indem ich wesentlich auf das Vorhandensein oder Fehlen des Epibranchialstachels Rücksicht nahm. Neuerdings hat mir DE MAN (Not. Leyd. Mus., 15, 1893, p. 296, Anmerk.) vorgeworfen, dass ich auf seine Angaben keine Rücksicht genommen habe, und die Form ohne Epibranchialstachel mit dem Namen *dentatus* M.-E. belegt habe, während ihn von A. MILNE-EDWARDS mitgetheilt sei (cf. DE MAN, 1888, p. 216), dass die Exemplare von den Mergui-Inseln, die einen Epibranchialstachel besitzen, mit den Originalen der *P. dentata* M.-E. übereinstimmen.

Abgesehen davon, dass ich dieser Angabe von A. MILNE-EDWARDS absolut keinen Werth beimesse[2]), musste ich, falls die *dentata* wirklich einen solchen Stachel besitzt, nach den Regeln über zoologische Nomenclatur die *P. dentata* der Hist. Nat. Crust. als ungenügend charakterisirt, als nomen nudum behandeln, da ja H. MILNE-EDWARDS l. c. einen Epibranchialstachel bei anderen Formen erwähnt (z. B. *P. rugosa* p. 252, *maculata* p. 253). Für die mit einem Epibranchialstachel versehene Form musste ich denjenigen Namen wählen, unter dem sie zuerst kenntlich beschrieben wurde, und das ist: *Porcellana speciosa* DANA 1852[4]). Dass späterhin, 1888, von DE MAN nachgewiesen wurde, dass die Originale der *dentata* M.-E. ebenfalls diesen Stachel besitzen, kann an der ganzen Sache nichts ändern, da etwa noch vorhandene Originale nicht maassgebend sein können, wenn die ursprüngliche Beschreibung mangelhaft ist, und inzwischen bessere publicirt worden sind.

Für die Form mit Epibranchialstachel ist also unter allen Umständen der Name: *Petrolisthes speciosus* (DANA) zu wählen.

Eine zweite Frage ist, ob ich für die Form ohne Epibranchialstachel den zum nomen nudum gewordenen Namen: *dentata* wieder anwenden durfte; im Allgemeinen kann man ein derartiges Verfahren nicht befürworten. Im vorliegenden Falle ging ich aber von anderen Erwägungen aus. Der ältere MILNE-EDWARDS führt bei mehreren Arten der Gattung *Porcellana* Epibranchialstacheln auf, bei *dentata* erwähnt er nichts davon: ich musste also annehmen, dass solche hier fehlen, besonders da mir thatsächlich derartige Exemplare vorlagen, und ich war dann völlig im Recht, für diese Exemplare den Namen *dentata* anzuwenden. Selbstverständlich musste ich dann die Richtigkeit der von A. MILNE-EDWARDS an DE MAN gemachten Mittheilung bezweifeln.

Es lagen also zwei Möglichkeiten vor: entweder hatte A. MILNE-EDWARDS Recht, dann ist *dentata* ein nomen nudum, die stacheltragende Form musste den Namen: *speciosus* erhalten, und für die stachellose musste ein anderer gefunden werden. Das wäre in diesem Falle *P. rufescens* HELLER 1861 gewesen: die Identität dieser Form mit der vorliegenden war mir damals entgangen.

---
1) ORTMANN, l. c. p. 263. — Südsee.
2) DE MAN, Arch. f. Naturg., 53, 1, 1887, p. 411, pl. 18, fig. 5. — Amboina.
3) Für die Unzuverlässigkeit A. MILNE-EDWARDS' betreffend derartiger Angaben und auch im Allgemeinen habe ich nunmehr soviel Beispiele gesammelt, dass ich persönlich sämmtlichen Angaben desselben ein gewisses Misstrauen entgegenbringe.
4) Diese Beschreibung ist vollkommen genügend, wenn auch die dazu gehörige Abbildung Mängel besitzt (pl. 26, fig. 8).

Oder die Angabe A. MILNE-EDWARDS' ist unrichtig: dann musste ich so verfahren, wie ich l. c. gethan habe.

Diese ausführliche Auseinandersetzung halte ich deshalb für nothwendig, um meine damalige Benennung der verschiedenen Formen zu rechtfertigen, und um nachzuweisen, dass ich schon damals mit voller Kenntniss der Angaben DE MAN's vom Jahre 1888 für die mir vorliegenden Formen die betreffenden Namen wählte, was ja schon theils aus den Citaten, theils aus dem unter *Petr. dentatus* Gesagten (l. c. p. 262) hervorgeht.

Demgegenüber bin ich aber nunmehr zu der Ueberzeugung gekommen, dass die Form mit und die ohne Epibranchialstachel völlig identisch sind, dass das Fehlen dieses Stachels nur zufällig ist, eventuell als Variation aufzufassen ist, und zwar aus dem Grunde, weil die mir vorliegenden Exemplare ohne Epibranchialstachel in allen übrigen Einzelheiten sowie im ganzen Habitus so vollkommen mit den bestachelten übereinstimmen, dass es mir völlig unmöglich ist, irgend welchen weiteren Unterschied aufzufinden. Ich gehe jetzt sogar noch weiter und halte die *Porc. lamarcki* für identisch mit diesen Formen, da sie sich einzig und allein durch nur drei Zähne am Vorderrand des Carpus der Scheerenfüsse von den übrigen Formen unterscheidet, vgl. MILNE-EDWARDS, 1837, p. 251 und MIERS, Alert, 1884, p. 268. Diesen Beschreibungen gemäss ist *P. lamarcki* auf jugendlichere Exemplare gegründet, und gerade bei jüngeren Exemplaren kommt nach DE MAN (1888, p. 216) diese geringere Zahnzahl vor.

Wenn das Fehlen oder das Vorhandensein des Epibranchialstachels in diesem Falle unwichtig ist, alsdann sind die Diagnosen des älteren MILNE-EDWARDS genügend, um die Art zu erkennen, und es muss als ältester Name: *P. lamarcki* angewendet werden. Zwar ist die Beschreibung bei LEACH, 1820, völlig unzureichend, jedoch nimmt MILNE-EDWARDS 1837 diesen Namen auf, ohne dass in der Zwischenzeit die in Frage kommenden Formen anderweitig besprochen wurden. *P. asiaticus* LEACH ist nach den Angaben bei MIERS ebenfalls hierher zu ziehen.

Von Ost-Afrika liegen mir drei mit Epibranchialstachel versehene Exemplare vor, die ich unter einem und demselben Korallblock sammelte: das jüngste von ihnen würde der *P. lamarcki*, mit nur drei Zähnen am Carpus, entsprechen.

Dar-es-Salaam, Upanga-Riff, an Korallen, 3. (ORTMANN coll.).

Verbreitung: Ueberall im Indo-pacifischen Gebiet.

Rothes Meer (HELLER); Mozambique (HILGENDORF); Amiranten: Darros Isl. (MIERS); Mauritius (LEACH); Persischer Meerbusen (HELLER); Ceylon (MIERS); Nicobaren (HELLER); Mergui-Ins. (DE MAN); Keeling Isl. (MIERS); Java (M.-E., D. M.); Balabac-Strasse (DANA); Philippinen (MIERS); Insel Ty-pin-san (MIERS); Hongkong (STIMPSON); Liu-Kiu-Ins. (STIMPSON); Süd-Japan: Kagoshima (STIMPSON); Bonin-Ins. (STIMPSON); Thursday Isl. (MIERS); Ost-Australien (ORTM.: Queensland (HASWELL, MIERS); Kingsmill-Gruppe (DANA); Tahiti (HELLER); Paumotu-Arch. (DANA); Wake-Ins. (DANA).

Die folgende Art (*Petr. trivirgatus*) bildet mit mehreren anderen Arten der Gattung eine Gruppe, die sich durch behaarten Cephalothorax, sowie durch eine Dörnchenreihe am Aussenrande der Palma auszeichnet. Diese Gruppe entspricht der von mir (l. c. 1892, p. 259) mit BB. CC. bezeichneten Abtheilung, die l. c. die Arten: *villosus*, *tomentosus* und *militaris* enthält. Alle diese drei haben jene Dörnchenreihe am Aussenrand der Palma, und es kommen ferner noch einige hinzu, die sich folgendermaassen zusammenstellen lassen:

CC. Cephalothorax ohne scharfe Querlinien, behaart. Aussenrand der Palma mit einer Dörnchenreihe.
D. Ohne Supraocularstachel und ohne Epibranchialstachel. Hinterrand des Carpus der Scheerenfüsse ohne Dörnchen.
E. Cephalothorax dicht-filzig, mit Büscheln längerer Haare. Meren der Pereiopoden (besonders der dritten) im Alter oben mit ein bis zwei Dörnchen. *P. villosus* RICHT.[1])
EE. Cephalothorax kurzhaarig, nicht filzig. Merus der 2.—4. Pereiopoden oben ohne Dörnchen.
*P. trivirgatus* n. sp.
DD. Ohne Supraocularstachel, aber mit Epibranchialstachel. Cephalothorax behaart. Carpus der Scheerenfüsse nahe dem Hinterrand mit 2—3 Dörnchen, die auf die Oberfläche gerückt sind (wie bei *barbatus*), distales Dörnchen zweispitzig. Merus der 2.—4. Pereiopoden oben mit mehreren Dörnchen, unten distal mit 1—2 Dörnchen. *P. tomentosus* (DAN.)[2]).
DDD. Mit Supraocular- und mit Epibranchialstachel.

1) Vgl. ORTMANN, l. c. p. 264. MIERS. Alert, 1884, p. 559. — Mauritius, Amiranten, Fidji.
2. Vgl. ORTMANN, ibid. p. 264. — Paumotu-Ins.

E. Keine weiteren Stacheln auf dem Cephalothorax.
F. Eine Reihe von 2—3 Dörnchen nahe dem Hinterrand des Carpus auf dessen Oberfläche, das distale zweispitzig. Carpus der 2. Pereiopoden oben distal mit einem Dorn.
*P. barbatus* (HELL.)[1].
FF. Eine Reihe von 4 Dörnchen am Hinterrand des Carpus selbst, das distale zweispitzig. Carpus der 2. Pereiopoden oben ohne Dorn. *P. carinipes* (HELL.)[2].
EE. Cephalothorax noch mit weiteren Stacheln.
F. Seitenränder des Cephalothorax ausser dem Epibranchialstachel noch mit 3 Stacheln. Seitliche Stirnlappen ohne Stacheln. *P. militaris* (HELL.)[3].
FF. Seitenränder des Cephalothorax mit mehr 15—6 Stacheln. Seitliche Stirnlappen mit mehreren Stachelchen besetzt. *P. scabriculus* (DAN.)[4].

*Petrolisthes trivirgatus* nov. spec. Tafel II, Fig. 5.

Cephalothorax länger als breit. Stirn dreilappig, vorragend. Oberseite des Cephalothorax flach, kurzhaarig, besonders die Stirn dicht behaart. Epibranchialstachel und Supraocularstachel fehlend.
Scheerenfüsse ebenfalls kurzhaarig. Aussenrand der Hand lang behaart und mit einer Reihe von 5—6 Dörnchen besetzt. Vorderrand des Carpus mit drei spitzen Zähnen, Hinterrand ohne Zähne. Hintere Beine ebenfalls kurzhaarig, ihre Meren am Oberrand ohne Dörnchen.
Färbung charakteristisch: unten heller, oben dunkel-violett. Cephalothorax oben mit drei weissen Längsstreifen, die sich auf der Stirn vereinigen. Scheerenfüsse und hintere Füsse mit weissen und violetten Längsstreifen. Abdomen mit weissen Querstreifen. Behaarung gelblich.
Dar-es-Salaam. Upanga-Riff, an Korallen. 1 ♂ 2 ♀ (ORTMANN coll.).

*Pisisoma granulatum* nov. spec. Tafel II, Fig. 6.

Cephalothorax gewölbt, fast kreisrund. Oberfläche fein granulirt. Stirnrand von oben besehen abgerundet, von vorn besehen schwach dreilappig. Vorderseitenrand als feine Linie erkennbar.
Scheerenfüsse etwas ungleich, ziemlich gedrungen. Die Länge des Carpus beträgt etwa das $1^1/_2$- bis 2-fache der Breite; Carpus ziemlich dick, sein Hinterrand gerundet mit einer undeutlichen Leiste. Vorderrand abgeflacht, mit 4 bis 5 flachen, dreieckigen Zähnen, die gegen das distale Ende an Grösse abnehmen. Hand dreieckig, etwas geschwollen. Oberseite von Carpus und Hand fein granulirt.
Hintere Beine gedrungen, granulirt, sehr schwach behaart. Uebriger Körper unbehaart.
Farbe im Leben dunkelgrün, in Alkohol hell mit dunklerer Marmorirung.
Bildet den Uebergang von *Petrolisthes* zu *Pisisoma*. da die Stirn noch eine Spur von Drei-Theilung zeigt. Auch die äusseren Antennen sind ganz wie bei typischen *Petrolisthes* gebildet. Durch die gedrungenen, dicken Scheeren und den rundlichen, gewölbten Cephalothorax steht die Form jedoch *Pisisoma* näher. Vgl. jedoch auch das unter *Pachycheles* Gesagte.
Dar-es-Salaam, Ras Rongoni, 2 ♂ 4 ♀. Chokirbank, 1 ♀, in Korallkalk (ORTMANN coll.).

### Gattung: *Pachycheles*.

STIMPSON (Proceed. Acad. Nat. Sc. Philadelphia, 1858, p. 227—229) unterscheidet innerhalb der Familie der Porcellaniden zwei Gruppen: A. Erstes Glied der Antennen kurz, den oberen Rand des Cephalothorax nicht erreichend. B. Erstes Glied der äusseren Antennen mehr weniger vorgezogen und mit dem Rand des Cephalothorax vereinigt, zweites Glied von der Orbita entfernt. Zu A. gehört *Petrolisthes*, der das Verhältniss typisch zeigt, sowie *Pisisoma*, das sich nur durch gerade Stirn, mehr gerundeten Cephalothorax und dicke Scheerenfüsse unterscheiden soll. Die übrigen Gattungen: *Raphidopus*, *Pachycheles*, *Megalobrachium*, *Porcellana*, *Minyocerus*, *Porcellanella*, *Polyonyx* gehören zu B.
Zunächst kann ich für *Raphidopus*, *Porcellana* und *Polyonyx* das von STIMPSON angegebene Verhalten bestätigen. Bei diesen ist das erste Glied der äusseren Antennen gut entwickelt und quer verbreitert, tritt deutlich zwischen dem Auge und der Vorderecke der Epimeren hervor, und stösst nach oben an die äussere

---

1) HELLER, Novara, 1865, p. 80, pl. 6, fig. 8. DE MAN, Not. Leyd. Mus., 15, 1893, p. 296, pl. 7, fig. 4. — Nicobaren, Flores.
2 HELLER, Sitz. Ber. Ak. Wiss. Wien. 44. 1861, p. 257, pl. 2 fig. 5. DE MAN, Not. Leyd. Mus., 3, 1881. p. 104. DE MAN, ibid. 15, 1893, p. 299. pl. 7, fig. 5. — Rothes Meer
3 Vgl ORTMANN, l. c. p. 265. — Nicobaren, Java, Liu-Kiu.
4 *Porc. scabricula* DANA, U. S. Expl. Exp., 1852. p. 424, pl. 26, fig. 13. DE MAN, Arch. f. Nat., 53, 1, 1887, p. 411. *Porc annulipes* GRAY, List spec. Crust. Brit. Mus., 1847, p. 63 (nomen nudum). *Petrol. annulipes* MIERS, Alert, 1884, p. 270, pl. 29, fig. B. und p. 558. HENDERSON, Chall. Anomur., 1888. p. 106. — Seychellen, Philippinen. Sulu-See, Amboina. Australien.

Ecke des oberen Orbitalrandes und bleibt von da noch eine gewisse Strecke mit dem Seitenrand in Berührung. Dadurch wird das 2. Stielglied der Antennen von den Augen völlig getrennt.

Bei der Gattung *Pachycheles* soll nach STIMPSON das erste Stielglied der äusseren Antennen weniger vorgezogen sein. Bei den mir vorliegenden, auch von STIMPSON als typisch angeführten Arten: *P. natalensis* und *stevensi* kann ich ebendies beobachten, und zwar so, dass einerseits das erste Stielglied zwar als kurzer querer Kiel besser sichtbar ist als bei *Petrolisthes*, andererseits es sich aber nicht mit der äusseren Ecke des oberen Orbitalrandes vereinigt, so dass zwischen ihm und dieser Ecke noch eine Lücke bleibt, in die sich ein kleiner Fortsatz des zweiten Stielgliedes einfügt: dieses Glied ist also nicht völlig von den Augen getrennt. Demnach würde *Pachycheles* besser in die Abtheilung A. zu stellen sein: jedenfalls bildet sie in der Bildung der Antennen einen Uebergang von *Petrolisthes* zu *Porcellana* und Verwandten.

Ein ganz auffallendes Merkmal, das alle mir vorliegenden, zu *Pachycheles* gerechneten Formen zeigen, ist folgendes: von den Epimeren des Cephalothorax ist hinten ein besonderes, drei- oder schief-viereckiges Stück durch eine häutige Naht abgetrennt. Dieses Merkmal halte ich für äusserst charakteristisch, da es bei keiner der übrigen Gattungen, die mir bekannt sind, vorkommt, und gerade wegen dieses Merkmals rechne ich die *Porcellana sculpta* M.-E., die von STIMPSON zu *Pisisoma* gestellt wurde, ebenfalls zu *Pachycheles*. Ein mir vorliegendes Exemplar der *P. sculpta* von den Liu-Kiu-Inseln (ORTMANN, l. c. p. 265) zeigt ebenso wie das mir jetzt vorliegende, sicher mit *Pach. natalensis* identische, einerseits dieses losgelöste Epimerenstück, andererseits stimmt es in der Bildung der Antennen mit den anderen *Pachycheles*-Arten überein.

Die mir vorliegenden Arten: *laevidactylus*, *sculptus* und *pulchellus* zeigen an der Unterseite der Krallen hornfarbige Nebendornen, bei *stevensi* sind diese zu kleinen Höckern reducirt. Nach STIMPSON sollen die Krallen bei *Pachycheles* normal sein.

Die Arten der Gattung *Pachycheles* lassen sich in folgender Weise zusammenstellen:
a. Scheeren und Carpus granulirt. Die Granulationen bilden keine Reihen oder Längswülste auf der Hand.
  b. Scheeren oben behaart.                                    *P. barbatus* A. M.-E.[1].
  bb. Scheeren oben unbehaart.
    c. Granulationen der Hand fein. Beweglicher Finger glatt. Carpus am Vorderrand zweizähnig.
                                                                        *P. laevidactylus* ORTM.[2].
    cc. Granulationen gröber, auch auf dem beweglichen Finger vorhanden. Carpus vorn dreizähnig.
                                                                         *P. stevensi* STPS.[1].
aa. Scheeren und Carpus granulirt, die Körner Längs-Reihen oder -Wülste bildend.
  b. Granulation grob, auf Carpus und Scheere einfache Reihen bildend.
                                                                *P. moniliferus* (DAN.)[3].
  bb. Granulation feiner, auf der Scheere zu 2—4 Wülsten zusammentretend.    *P. sculptus* (M.-E.).
aaa. Scheeren nicht granulirt, mit 4 glatten Längswülsten.               *P. pulchellus* (HASW.).

### *Pachycheles sculptus* (MILNE-EDWARDS).

*Porcellana sculpta* MILNE-EDWARDS, H. Nat. Crust., II, 1837, p. 253.
*Porcellana natalensis* KRAUSS, Südafrik. Crust., 1848, p. 58, pl. 4, fig. 1.
*Porc. (Pisis.) sculpta* M.-E. DE MAN, Arch. f. Naturg. 53, 1, 1887, p. 413.
*Pisisoma sculptum* (M.-E.) ORTMANN, Zoolog. Jahrb., VI, 1892, p. 265.

Ob *Porc. sculpta* bei DANA (U. S. Expl. Exp., 1852, p. 412, pl. 26, fig. 2) von Fidji, Sulu-See, Balabac-Str. hierher gehört, ist nicht ganz sicher, da in der Abbildung die Körner der Scheere zu gross erscheinen. Vielleicht ist dies aber nur einer Ungenauigkeit der Abbildung zuzuschreiben.

DE MAN will hiermit den *P. pulchellus* vereinigen. Ihm lagen von Java Exemplare vor, die dieser Art entsprechen, von den Mergui-Inseln dagegen solche, die dem *P. pulchellus* entsprechen. Ich halte beide für verschieden, wenn sie sich auch sehr nahe stehen. *Porc. natalensis* ist unzweifelhaft hiermit identisch, das vorliegende Exemplar stimmt vollkommen mit Beschreibung und Abbildung bei KRAUSS, wie auch mit den übrigen Beschreibungen. Seine Färbung war im Leben gleichmässig röthlich-braun.

Dar-es-Salaam, Upanga-Riff, an Korallen, 1 ♀ (ORTMANN coll.).

Verbreitung: Natalküste (KRAUSS); Java (MILNE-EDWARDS): Ins. Noordwachter und Edam (DE MAN); Liu-Kiu-Inseln (ORTMANN).

---

1) Vgl. HENDERSON, Chall. Anomur., 1888, p. 114, pl. 11, fig. 4. — Cap Verden.
2) ORTMANN, Zool. Jahrb., VI, 1892, p. 266, pl. 12, fig. 1. — Brasilien.
3) Vgl. ORTMANN, ibid. p. 267. — Japan.
4) DANA, U. S. Expl. Exp., 1852, p. 413, pl. 26, fig. 3. — Brasilien.

### *Pachycheles pulchellus* (HASWELL).

*Porcellana pulchella* HASWELL, Catal. Austral. Crust., 1882, p. 148.
*Pachycheles pulchellus* (HASW.) MIERS, Rep. Zool. Coll. Alert, 1884, p. 273, pl. 30, fig. A. HENDERSON, Chall. Anomur., 1888, p. 114.
*Porcellana sculpta* DE MAN, Journ. Linn. Soc. Zool., XXII, 1888, p. 218.

Thursday Island, 2 Ex. (SEMON coll.).

Verbreitung: Queensland (HASWELL, HENDERSON); Torres-Strasse (MIERS); Arafura-See (HENDERSON); Mergui-Inseln (DE MAN).

### *Polyonyx biunguiculatus* (DANA).

*Porcellana obesula* GRAY, List of specim. Crust. Brit. Mus., 1847, p. 130 (nomen nudum).
*Porcellana biunguiculata* DANA, U. S. Expl. Exp. Crust., I, 1852, p. 411, pl. 26, fig. 1. HASWELL, Catal. Austral. Crust., 1882, p. 147.
*Polyonyx obesulus* MIERS, Rep. Zool. Coll. Alert, 1884, p. 272, pl. 29, fig. D.
*Porcellana (Polyonyx) obesula* WH. DE MAN, Arch. f. Naturg., 53, 1, 1887, p. 423.
*Polyonyx obesulus* MRS. HENDERSON, Chall. Anomur., 1888, p. 115.

Da der Species-Name *obesula* nomen nudum ist, muss für diese Art der DANA'sche Namen: *biunguiculata* angewendet werden. Die *biunguiculata* bei MIERS (l. c. p. 559) und DE MAN (l. c. p. 421) vom Golf von Suez, den Seychellen, Amiranten und Amboina ist, wie DE MAN schon ganz richtig bemerkt, nicht die *biunguiculata* DANA, sondern eine neue Art, die neu benannt werden muss.

Thursday Island, 2 ♀ (SEMON coll.).

Verbreitung: Queensland: Port Denison (MIERS), Holborn-Ins. (HASWELL), Flinders-Passage (HENDERSON); Torres-Strasse: Prince of Wales Channel (MIERS); Nord-Australien: Port Darwin (MIERS); Amboina (DE MAN); Chinesisches Meer: Madgica-Sima-Gruppe (GRAY).

### Familie: Paguridae.

### *Pagurus imbricatus* MILNE-EDWARDS.

MILNE-EDWARDS, Annal. Sc. Natur. (3), Zool. X, 1848, p. 61. MIERS, Rep. Zool. Coll. Alert, 1884, p. 264. HENDERSON, Chall. Anomur., 1888, p. 57.

Diese Art steht dem *Pag. venosus* M.-E. von West-Indien am nächsten. *Pag. venosus* hat jedoch in der Mitte der Aussenfläche des Propodus und Dactylus des 3. linken Pereiopoden eine deutliche gekörnte Längskante, die dem *Pag. imbricatus* fehlt. Die Schuppenskulptur dieser beiden Glieder ist bei beiden Arten ähnlich.

Thursday Island, 1 ♂ 1 ♀ (SEMON coll.).

Verbreitung: Australien: Ruffles-Bay (MILNE-EDWARDS), Flinders-Passage (HENDERSON), Torres-Strasse (MIERS), Shark-Bay (MIERS); Neu-Seeland (MIERS).

### *Pagurus punctulatus* OLIVIER.

Vgl. ORTMANN, Zool. Jahrb., VI, 1892, p. 286.

Amboina, 7 Ex. (SEMON coll.).

Dar-es-Salaam, Upanga-Riff, 3 Ex., Chokirbank, 2 Ex., Ras Rongoni, 1 Ex. (ORTMANN coll.). Lebt auf den Riffen bei Dar-es-Salaam überall zwischen Seegras und Tang.

Verbreitung: Vom Rothen Meer, Mozambique und Madagascar bis zu den Liu-Kiu-Inseln, Australien und Tahiti.

### *Pagurus euopsis* DANA.

Vgl. ORTMANN, l. c. p. 286.

Amboina, 1 Ex. (SEMON coll.).

Verbreitung: Seychellen (RICHTERS); Ins. Edam b. Java (DE MAN); Amboina (DE MAN); Borneo: Balabac-Strasse (DANA); Liu-Kiu-Ins. (ORTMANN); Tongatabu (HENDERSON); Samoa-Ins. (DANA).

### *Pagurus setifer* MILNE-EDWARDS.

Vgl. ORTMANN, l. c. p. 287.

Dar-es-Salaam, Upanga-Riff, 1 ♂ (ORTMANN coll.).
Verbreitung: Ost-Afrika, Mauritius, Ceylon, Java, Australien.

*Pagurus deformis* MILNE-EDWARDS.

Vgl. ORTMANN, l. c. p. 288.

Amboina, 3 Ex. (SEMON coll.).
Dar-es-Salaam, Chokirbank und Ras Rongoni, 7 Ex. (ORTMANN coll.).
Verbreitung: Von Ost-Afrika bis Tahiti.

*Pagurus asper* DE HAAN.

*Pagurus asper* DE HAAN, Faun. japon. Crust. dec. septim., 1849. p. 208, pl. 49, fig. 4. DANA, U. S. Expl. Ex. Crust., 1, 1852. p. 450. DE MAN, Not. Leyd. Mus., 3, 1881, p. 130.
*P. pedunculatus* MIERS, Ann. Mag. Nat. Hist. (5), V, 1880, p. 374. HASWELL, Catal. Austral. Crust., 1882, p. 155.

Diese Art unterscheidet sich von *P. deformis* und *pedunculatus* sofort dadurch, dass der Propodus des 3. linken Beines nur 2 Kanten hat, nämlich eine stumpfere am Oberrande und eine schärfere am Unterrande; die Aussenfläche zwischen diesen beiden Kanten ist gewölbt und glatt. Von *P. deformis* unterscheidet sie sich weiter durch den beweglichen Finger der grossen Scheere, der oben keinen gezähnten Kiel, sondern mehrere Körnerreihen trägt, sowie durch den Dactylus des 3. linken Beines, der auf der Aussenfläche einen Längskiel besitzt. Die beiden letzten Merkmale stimmen mit *P. pedunculatus* = *varipes* überein.

MIERS giebt für seinen *pedunculatus* ausdrücklich das Fehlen der Kiele auf dem Propodus des 3. linken Beines an: "the penultimate joint of the third left leg is smooth, not carinated." Seine Exemplare können also nur hierher gehören, da sowohl *deformis* als auch *varipes* zwischen dem oberen und dem unteren Kiel noch zwei weitere Kiele zeigen: einen scharfen nahe dem Oberrande, der mit dem Kiel des Oberrandes eine „obere Fläche" (HELLER) einschliesst, und einen stumpfen, wulstartigen Kiel in der Mitte der Aussenfläche. Eine „obere Fläche" fehlt bei *P. asper* vollkommen.

Die drei fraglichen Arten sind also tabellarisch so zu unterscheiden. (Vgl. ORTMANN, l. c. p. 183, AAAA. B.).

C. Beweglicher Finger der grossen Scheere mit einem scharfen, gezähnten Kiel. Dactylus des 3. linken Beines auf der Aussenfläche ohne Längsleiste. Propodus mit 2 scharfen Kanten am Oberrande. *P. deformis*.
CC. Beweglicher Finger am Oberrand ohne scharfen Kiel, mit mehreren Längsreihen von Körnern. Dactylus des 3. linken Beines mit einer Längskante auf der Aussenfläche.
  D. Propodus des 3. linken Beines mit 2 scharfen Kanten am Oberrande. *P. pedunculatus*[1]).
  DD. Propodus des 3. linken Beines mit nur einer Kante am Oberrande. *P. asper*.
Amboina, 1 Ex. (SEMON coll.).

Verbreitung: Japan (DE HAAN); Sandwich-Ins. (DANA); Australien (MIERS); Port Jackson (MIERS); Batjan (MIERS); Ceylon (MÜLLER, Verh. Naturf. Ges. Basel, 8, 2, 1887, p. 472).

*Clibanarius longitarsis* (DE HAAN).

*Pagurus clibanarius* KRAUSS, Südafrik. Crust., 1843, p. 56.
*Pagurus longitarsis* DE HAAN, Faun. jap. Crust. dec. sept., 1849, p. 211. pl. 50, fig. 3.
*Clibanarius longitarsis* (D. H.) DANA. U. S. Expl. Exp., 1852, p. 464. STIMPSON, Proceed. Acad. Nat. Sc. Philad., 1858, p. 247. HELLER, Crust. Novara, 1865, p. 90. DE MAN, Arch. f. Naturg., 53, 1, 1887, p. 441.
*Pagurus (Clibanarius) longitarsis* D. H. HILGENDORF, v. d. Deckens Reisen, III, 1, 1869, p. 96. HILGENDORF, Mon. Ber. Akad. Wiss. Berlin, 1878, p. 821.

Dar-es-Salaam, im Hafen, 13 Ex., Upanga-Riff, 1 ♂ (ORTMANN coll.).
Lebt in zahlloser Menge im Hafen von Dar-es-Salaam auf sandigem Grunde. Auf den Riffen ist er seltener.

Verbreitung: Zanzibar (HILGENDORF); Ibo (HILGENDORF); Natal (KRAUSS); Madagascar: Nossi Bé (LENZ und RICHTERS); Nicobaren (HELLER); Java: Pulo Edam und Noordwachter (DE MAN); Philippinen: Mindanao (DANA); Liu-Kiu-Inseln (STIMPSON), Japan (DE HAAN).

*Clibanarius virescens* (KRAUSS).

*Pagurus virescens* KRAUSS, Südafrik. Crust., 1843, p. 56, pl. 4, fig. 3.
*Clibanarius virescens* (KR.) DANA, U. S. Expl. Exp., 1852, p. 466, pl. 29, fig. 6. HELLER, Crust. Novara, 1865, p. 90.

---

1) Synonymie des *P. pedunculatus* (HERBST).
*Cancer pedunculatus* HERBST, Krabb. u. Krebs, III. 4, 1799, p. 23, pl. 61, fig 1.
*Pagurus pedunculatus* (HBST.) HILGENDORF, Mon. Ber. Akad. Wiss. Berlin, 1878, p. 815.
*Pagurus varipes* HELLER, Sitz. Ber. Akad Wiss Wien, 44. 1, 1861. p. 244. pl. 1, fig. 1. pl 2. fig 2. 3. KOSSMANN, Ergebn. Reis Roth. Meer, II. 1880, p 75. DE MAN, Not. Leyd. Mus., II, 1880, p. 184. DE MAN, ibid. III, 1881, p. 129. DE MAN, Arch. f. Naturg. 53, 1, 1887, p. 436.
Rothes Meer, Mozambique, Java, Moluccen.

HILGENDORF. v. d. Deckens Reisen, III, 1. 1869. p. 95. HILGENDORF, Mon. Ber. Akad. Wiss. Berlin, 1878, p. 821, pl. 3. fig. 11. DE MAN, Journ. Linn. Soc. Zool.. 22, 1888, p. 247.
Kilwa, Amanabank, 1 Ex., Dar-es-Salaam, im Hafen, 1 Ex. (ORTMANN coll.).

Verbreitung: Zanzibar (HILGENDORF); Mozambique (HILGENDORF); Ibo (HILGENDORF); Natal (KRAUSS); Mergui-Inseln (DE MAN); Nord-Borneo: Balabac-Strasse (DANA); Sulu-See (DANA); Hongkong (HELLER); Fidji-Inseln (DANA).

### *Calcinus herbsti* DE MAN.

Vgl. ORTMANN, Zool. Jahrb.. VI, 1892. p. 292.

Kilwa, am Strande, 10 Ex., Dar-es-Salaam, Ras Chokir, 4 Ex. (ORTMANN coll.).

Findet sich an felsigen Stellen des Strandes in Wasserlöchern, oft auch an bei Ebbe ganz trocken werdenden Plätzen in grosser Menge. Am Ras Chokir waren die Wandungen der von der Brandung ausgehöhlten Strudellöcher dicht mit Exemplaren dieser Art bedeckt.

Verbreitung: Von Ost-Afrika bis zu den Paumotu- und Sandwich-Inseln.

### *Calcinus gaimardi* (MILNE-EDWARDS).

Vgl. ORTMANN. l. c. p. 294.

Mein Exemplar zeigte im Leben folgende Farbenvertheilung: Vorderer Theil des Cephalothorax blassblau. Aeussere Antennen gelb. Augenstiele in der oberen Hälfte azurblau. Die übrigen Theile, die aus der Schneckenschale heraussehen (untere Hälfte der Augenstiele und Beine) dunkelbraun mit einzelnen weissen Punkten. Krallen vor der Spitze weiss, ebenso die Scheerenfinger.

Dar-es-Salaam, Upanga-Riff, 1 Ex. (ORTMANN coll.).

Verbreitung: Von den Nicobaren über die Sunda-Inseln bis zu den Liu-Kiu-Inseln und Tahiti. — Von Ost-Afrika bisher noch nicht bekannt.

### *Diogenes avarus* HELLER.

HELLER, Crust. Novara, 1865. p. 83. pl. 7, fig. 2. DE MAN, Journ. Linn. Soc. Zool., 22. 1888. p. 236. WALKER, ibid. 20, 1890, p. 113, pl. 8, fig. 6, 7.

Von den mir vorliegenden Exemplaren stimmen nur zwei vollkommen mit *D. avarus* überein: es sind dieses das grösste von Dar-es-Salaam und das Exemplar von der Thursday-Insel. Die übrigen von Dar-es-Salaam sind sämmtlich kleiner (theilweis _ mit Eiern) und weichen in der Bildung der grossen Scheere insofern ab, als der Carpus nicht so auffallend verlängert und die Hand kürzer und gedrungener ist. Dass letzteres wahrscheinlich ein Merkmal jüngerer Exemplare ist, hat schon DE MAN ausgesprochen. Alle Exemplare stimmen darin überein, dass die grosse Scheere unbehaart und fein granulirt ist, und dass die Hand auf der Aussenseite eine kurze, stumpfe Längsleiste trägt. Letztere scheint für die Art charakteristisch zu sein.

Dass alle meine Exemplare zusammengehören, ist jedenfalls unzweifelhaft, da ich sie sämmtlich an einem Tage, an derselben Localität und unter denselben Bedingungen sammelte.

Thursday Island, 1 Ex. (SEMON coll.).

Dar-es-Salaam, im Hafen, 23 Ex. (ORTMANN coll.).

Leben bei Dar-es-Salaam auf sandigem Grunde, dicht am Strande und sitzen meist in *Nassa arcularia* L. Ihre Bewegungen sind lebhaft und schnell.

Verbreitung: Mergui-Inseln (DE MAN); Nicobaren (HELLER); Singapur (WALKER).

### *Eupagurus hirtimanus* MIERS.

*Pagurus hirtimanus* GRAY. List specim. Crust. Brit. Mus., 1847. p. 60 (nomen nudum).
*Eupagurus japonicus* = *hirtimanus* (WH.) MIERS, Ann. Mag. N. H. 5), V, 1880. p. 375, pl. 14, fig. 6, 7.
*Eup. hirtimanus* (WH.) DE MAN, Arch. f. Naturg.. 53, 1, 1887. p. 426 und Not. Leyd. Mus., XII, 1890, p. 107.

Der Art-Name *hirtimanus* wurde als nomen nudum publicirt und zwar von GRAY, nicht von WHITE. GRAY sagt zwar l. c. p. IV, dass AD. WHITE mit grosser Sorgfalt die Species besagter Liste bestimmt hat etc., doch ist die Arbeit unter dem Namen von J. E. GRAY erschienen, vgl. p. VIII. MIERS constatirt die Identität des *hirtimanus* mit seinem vermeintlichen *japonicus*, und sagt ausdrücklich, wenn der letztere vom echten *japonicus* verschieden sein sollte, so solle der alte Name von WHITE (recte GRAY) adoptirt werden. Da nun dies thatsächlich der Fall ist, so ist der von MIERS vorgeschlagene Name *hirtimanus* anzuwenden und MIERS als Autor desselben anzusehen.

Amboina, 2 Ex. (SEMON coll.).

Verbreitung: Philippinen (GRAY, MIERS); Carolinen: Ponapé (DE MAN); Amboina (DE MAN); Neu-Guinea: Kaiser Wilhelms-Land (Mus. Strassburg); Fidji-Inseln (MIERS).

Familie: **Coenobitidae**.

### *Coenobita clypeatus* (HERBST).

Vgl. ORTMANN, Zool. Jahrb., VI. 1892. p. 316.
 Amboina, 2 ♂ 1 ♀ (SEMON coll.).
 Dar-es-Salaam, 1 ♂ (ORTMANN coll.).
 Verbreitung: Ost-Afrika bis Tahiti. — Von Amboina und Zanzibar schon angeführt.

### *Coenobita rugosus* MILNE-EDWARDS.

Vgl. ORTMANN, l. c. p. 317.
 Neu-Guinea, 3 Ex., Amboina, 1 ♀ SEMON coll..
 Dar-es-Salaam, 2 ♀ (ORTMANN coll.).
 Verbreitung: Rothes Meer bis Natal, Sydney, Japan und Paumotu-Ins.

### *Coenobita compressus* MILNE-EDWARDS.

Vgl. ORTMANN, l. c. p. 318.
 Neu-Guinea, 2 Ex., Amboina, 1 ♀ juv. (SEMON coll.).
 Lindi, 1 juv., Kilwa, 6 Ex., Dar-es-Salaam, viele Ex. ORTMANN coll.).
 Verbreitung: Ost-Afrika über die Sunda-Inseln bis Japan. — Von Amboina und Neu-Guinea noch nicht erwähnt.

### *Coenobita perlatus* MILNE-EDWARDS.

Vgl. ORTMANN, l. c. p. 319.
 Dar-es-Salaam, 1 ♀ ORTMANN coll.).
 Verbreitung: Indo-pacifisches Gebiet: von Ost-Afrika bisher noch nicht bekannt, die nächsten Fundorte sind: Seychellen (RICHTERS ; Amiranten (MIERS ; Mauritius (MIERS, ORTMANN .

### *Birgus latro* LINNÉ).

Vgl. ORTMANN, l. c. p. 319.
 Amboina, 4 Ex. SEMON coll..
 Verbreitung: Inseln des Indo-pacifischen Gebietes, vom Afrikanischen, Indischen und Australischen Festlande noch nicht bekannt.
 Komoren (HILGENDORF ; Glorioso-Gruppe (MIERS ; Mauritius (HOFFMANN, ORTMANN); Amboina (DE MAN); Ternate (HENDERSON); Liu-Kiu-Inseln (DE HAAN ; Fidji-Ins. (MIERS); Paumotu- und Tokelau-Arch. (DANA).

Familie: **Hippidae**.

### *Remipes testudinarius* LATREILLE.

Vgl. ORTMANN, l. c. p. 537.
 Amboina, 7 Ex. (SEMON coll..
  var. *denticulatifrons* WHITE.
 Amboina, 3 Ex. (SEMON coll.).
 Verbreitung: Ueberall im tropischen Indo-pacifischen Gebiete.

Familie: **Dynomenidae**.

### *Dynomene hispida* DESMAREST.

Vgl. ORTMANN, l. c. p. 543 [1].
 Amboina, 1 , adult. (SEMON coll.).
 Verbreitung: Mauritius (MILNE-EDWARDS ; Amboina (DE MAN); Liu-Kiu-Ins. ORTMANN ; Neu-Caledonien (A. MILNE-EDWARDS ; Sandwich-Inseln A. MILNE-EDWARDS'.

[1] Daselbst fehlt das Citat: DE MAN, Arch. f. Naturg., 53, 1. 1887, p. 408.

Familie: **Dromiidae**.

### *Dromidia unidentata* (RÜPPELL).

*Dromia unidentata* RÜPPELL. 24 Art. Krabb. Roth. Meer., 1830, p. 16, pl. 4, fig. 2. MILNE-EDWARDS, Hist. Nat. Crust., II, 1837, p. 178. HILGENDORF, Mon. Ber. Ak. Wiss. Berlin, 1878, p. 813.
*Dromidia unidentata* (RPP.) KOSSMANN. Zool. Erg. Reis. Roth. Meer., 2, 1880, p. 67. DE MAN, Journ. Linn. Soc. Zool., 22, 1888, p. 207, pl. 14, fig. 4, 5 (var.).

Länge des Cephalothorax 20 mm, Breite 19 mm; Oberfläche stark gewölbt, dicht filzig behaart, unter den Haaren glatt, nur die Cardincalgegend nach vorn durch zwei Gruben begrenzt. Auf den Branchialgegenden je zwei kleinere Gruben. Stirn tief eingeschnitten, der mittlere Lappen g a n z  f e h l e n d, die seitlichen dreieckig, vorragend. Supraorbitalzahn etwa halb so gross wie die letzteren. Aeussere Orbitalecke stumpf, Zahn des Unterrandes der Orbita dreieckig, von der äusseren Ecke durch eine tiefe, spaltförmige Fissur getrennt.

Vorderseitenrand o h n e  Z ä h n e, erst dicht hinter der Cervicalfurche ein kleiner Zahn. Von dieser Furche läuft nach vorn eine sehr ausgeprägte, stumpfe, bogenförmige Kante, die sich vorn etwas nach unten neigt und den Inframarginalwulst bildet. Darunter ein stumpfer, wulstartiger Höcker (Suprasuturalwulst). Die Sutur selbst ist furchenförmig.

Diese Art ist an der Bildung der Stirn und des Vorderseitenrandes leicht zu erkennen. Da mir nur ein ♂ vorliegt, kann ich über die Gattungszugehörigkeit nichts aussagen: nach KOSSMANN gehört sie zu *Dromidia*.

D a r - e s - S a l a a m, Chokirbank, 1 ♂, mit einer Weichkoralle auf dem Rücken (ORTMANN coll..
V e r b r e i t u n g: Rothes Meer (RÜPPELL, KOSSMANN); Ost-Afrika BIANCONI); Ceylon MÜLLER, Verh. Nat. Ges. Basel, 8, 2, 1887. p. 472); Mergui-Inseln (DE MAN, var.).

### *Cryptodromia lamellata* nov. spec. Tafel II, Fig. 8.

Cephalothorax glatt, im Umriss 5-seitig. Stirn dreizähnig, mittlerer Zahn schräg abwärts gerichtet, alle drei spitz. Die seitlichen setzen sich in einen oberen Augenhöhlenrand fort, der nach aussen in einer spitzen Ecke endigt. Vorderseitenrand mit zwei Zähnen, von diesen ist der erste von der äusseren Superciliarecke durch eine tiefe Bucht getrennt und springt breit-lamellenartig vor nach vorn ist er abgestutzt. Der zweite Zahn ist dreieckig, klein. Darauf folgt noch, gleich hinter der undeutlichen Cervicalfurche, ein ganz kleiner dritter Höcker. Unterer Augenhöhlenrand ohne Höcker. Inframarginalwulst und Suprasuturalwulst nur durch je einen länglichen Höcker angedeutet.

Scheerenfüsse schwach. Merus scharf dreikantig. Carpus aussen und innen mit einem fast flügelartigen Kiel, dazwischen auf der oberen Fläche etwas knotig. Hand länglich, mit 2 — 3 aus Knoten gebildeten Längswülsten. Scheerenfinger nur an den Spitzen sich berührend, daselbst mit ineinander greifenden Zähnen. Das 2. und 3. Bein zeigt auf dem Merus 3 fast flügelartige Kiele, die Carpen sind flügelig dreikantig, die Propoden vierkantig. Alle Kanten sind etwas gewellt, aber nicht eigentlich knotig, sondern scharf. Die Krallen tragen am unteren Rande 4 kleine, hornfarbige Dörnchen. Die beiden hinteren Beinpaare zeigen weniger scharfe Kiele, besonders fehlen die des Carpus und Propodus.

Abdomen der ♀ breit. Letztes Glied fast queroval.

Der ganze Körper ist kahl; an der Spitze der Krallen des 2. und 3. Beinpaares stehen einige Borsten.

Sternalfurchen getrennt, bis zum 2. Beinpaar reichend, Gaumen mit Leiste, Scheerenfinger mit weissen Spitzen: also zu *Cryptodromia* gehörig.

T h u r s d a y  I s l a n d, 1 ♀ SEMON coll.'.

### *Cryptodromia pentagonalis* HILGENDORF.

HILGENDORF, Mon. Ber. Akad. Wiss. Berlin, 1878, p. 814, pl. 2. fig. 1. 2.

Die kurze Beschreibung bei HILGENDORF genügt völlig, um die Art wiederzuerkennen. Dennoch glaube ich, wird es nicht überflüssig sein, eine nochmalige Beschreibung zu geben, da mir auch das bisher unbekannte ♂ vorliegt.

Zunächst muss ich bemerken, dass die Sternalfurchen meines ♂ sehr kurz und weit getrennt sind und sich nur bis in die Höhe der , Genitalöffnung erstrecken: ein Verhältniss, das von dem der übrigen Arten der Gattung, wo sie bis zum 2. Beinpaar reichen, etwas abweicht.

Cephalothorax fünfseitig. Stirn dreizähnig, der mittlere Zahn gut entwickelt. Vorderseitenrand nur mit einem Zahne, vor diesem concav, dahinter fast gerade. Sonst ist nur der Zahn des Hinterseitenrandes, dicht hinter der Cervicalfurche, vorhanden, aber klein. Infraorbitalzahn mit einem kleinen Nebenhöcker. Zwischen diesem und dem Seitenzahn ein kräftiger Höcker auf dem Inframarginalwulst. Suprasuturalwulst ohne Höcker.

Abdomen der ♂ mit lang dreieckigem Endgliede, welches durch zwei stumpfe, seitliche, basale Lappen eine pfeilförmige Gestalt bekommt. Scheeren des ♂ kräftiger, sonst aber ähnlich denen des ♀.
Dar-es-Salaam, Upanga-Riff. 1 ♂ 1 ♀ (ORTMANN coll.).
Verbreitung: Ost-Afrika: Ibo (HILGENDORF).

### Pseudodromia latens STIMPSON.

STIMPSON, Proceed. Acad. Nat. Sc. Philadelphia. 1858. p. 78. HENDERSON. Chall. Anomur., 1888, p. 16. pl. 1, fig. 8.

Die Sternalfurchen der ♀ reichen bis zum 2. Beinpaar, nähern sich nach vorn und endigen in einem einzigen Höcker (vergl. HENDERSON).
Cap: Port Elisabeth, 1 ♂ 2 ♀ (Mus. Strassburg).
Verbreitung: Cap: Simons Bay, 10—12 Fad. (STIMPSON, HENDERSON).

### Familie: Calappidae.

### Mursia cristata MILNE-EDWARDS.

*Mursie mains en crête* DESMAREST. Consid. génér. Crust., 1825. pl. 9, fig. 3.
*Mursia sp.* LATREILLE in CUVIER: Regn. anim., 2 ed., IV, 1829, p. 39.
*Mursia cristata* (sic!) MILNE-EDWARDS. H. Nat. Crust., II, 1837. p. 109.
*Mursia cristata* LATR. MILNE-EDWARDS, in: CUVIER, Atl. Regn. anim., pl. 13, fig. 1.
*Mursia cristimana* DE HAAN. Faun. Japon. dec. quarta. 1839. p. 73. KRAUSS. Südafrik. Crust., 1843. p. 52. MIERS, Chall. Brach., 1886, p. 291.
*Mursia cristata* DANA, U. S. Expl. Exp.. 1852. p. 394. STUDER. Abh. Ak. Wiss. Berlin 1882. p. 15.
*Cryptosoma orientalis* ADAMS et WHITE. Zool. Voy. Samarang. Crust.. 1848. p. 62, pl. 13, fig. 4.

Cap: Port Elisabeth. 1 ♂ (Mus. Strassburg).
Verbreitung: Süd-Afrika (MILNE-EDWARDS): Cap (DE HAAN, KRAUSS, DANA, MIERS), Tafelbai (STUDER). — ADAMS u. WHITE geben »Eastern Seas« an, was sehr in Zweifel zu ziehen ist.

### Calappa hepatica (LINNÉ).

Vgl. ORTMANN. Zool. Jahrb., VI. 1892. p. 568.
Amboina, 2 Ex. (SEMON coll.).
Kilwa, Amanabank, 1 Ex., Dar-es-Salaam, im Hafen, zahlreiche Ex. (ORTMANN coll.).
Verbreitung: Rothes Meer bis Natal, Liu-Kiu-Ins., Sydney, Neu-Seeland, Tahiti und Sandwich-Inseln. Im Mus. Strassburg befindet sich auch ein Exemplar von Japan (wahrscheinlich südliches). — Eine ganz allgemein verbreitete und charakteristische Art in der Indo-Pacifischen Region.

### Familie: Matutidae.

### Matuta victrix FABRICIUS.

#### var. typica ORTMANN (M. victrix MIERS).

Vgl. ORTMANN. l. c. 1892. p. 571.
Dar-es-Salaam, im Hafen, zahlreiche Exemplare (ORTMANN coll.).
Verbreitung: Rothes Meer bis Natal und Ost-Australien.

#### var. banksi MIERS.

Vgl. ORTMANN, l. c. p. 573.
Amboina, 1 ♂ 2 ♀ (SEMON coll.).
Verbreitung: Bisher nur von den Ost-Asiatischen Meeren, China-See, Java bis Ost-Australien bekannt.

### Familie: Leucosiidae.

### Oreophorus rugosus STIMPSON.

Vgl. ORTMANN, Zool. Jahrb., VI. 1892, p. 575.
Thursday Island. 1 . SEMON coll..
Verbreitung: Süd-Japan: Kagoshima ORTMANN); Liu-Kiu-Inseln (STIMPSON ; Cochinchina (A. MILNE-EDWARDS ; Australien: Port Denison HASWELL. ; Neu-Caledonien A. MILNE-EDWARDS).

## *Ixa cylindrus* (FABRICIUS).

*I. canaliculata* LEACH, MILNE-EDWARDS, H. N. Cr., II, 1837, p. 135.
*I. inermis* LEACH, MILNE-EDWARDS, ibid.
*I. canaliculata* LEACH, MILNE-EDWARDS, in CUVIER, Atl. Regn. anim., pl. 24, fig. 1.
*I. megaspis* ADAMS et WHITE, Zool. Voy. Samarang, 1848. p. 55, pl. 12, fig. 1.
*I. cylindrus* (FABR.) BELL, Trans. Linn. Soc., 21, 1855, p. 311.
*I. edwardsi* LUC. A. MILNE-EDWARDS, Annal. Soc. entomol. France (4), V, 1865, p. 156, pl. 6, fig. 1.

Thursday Island, 1 ♂ (SEMON coll.).
Kilwa, auf der Rhede, 8—10 m, ein Rückenpanzer (ORTMANN coll.).
Verbreitung: Indischer Ocean (BELL); Zanzibar (A. MILNE-EDWARDS); Mauritius (MILNE-EDWARDS); Borneo (ADAMS et WHITE); Philippinen (ADAMS et WHITE).

## *Myra fugax* (FABRICIUS).
### *var. coalita* HILGENDORF.

Vgl. ORTMANN, l. c. p. 582.
Amboina, 1 ♀ spur. (SEMON coll.).
Kilwa, auf der Rhede, 8—10 m, 1 ♂ spur. (ORTMANN coll.).
Verbreitung: Rothes Meer und Ost-Afrika bis Japan und Neu-Caledonien. Die *var. coalita* ist von Zanzibar und Japan bekannt.

## *Myra affinis* BELL.

BELL, Trans. Linn. Soc. London, 21, 1855, p. 296, pl. 32, fig. 2. STIMPSON, Proceed. Acad. Nat. Sc. Philadelphia, 1858, p. 160. HASWELL, Catal. Austral. Crust., 1882, p. 121. MIERS. Rep. Zool. Coll. Alert, 1884, p. 250. MIERS, Chall. Brach., 1886, p. 315.

Thursday Island, 4 ♂ spur. (SEMON coll.).
Verbreitung: Japan: Kagoshima (STIMPSON); Philippinen (BELL); Torres-Strasse: Thursday Isl. (MIERS); Queensland: Cap Grenville (HASWELL), Port Denison (MIERS).

## *Nursia ypsilon* nov. spec. Taf. II, Fig. 7.

Cephalothorax fast fünfseitig, von einem kielförmigen, scharf granulirten Rand rings umzogen. Unter dem vorderen Theil des Vorderseitenrandes läuft auf der Pterygostomialgegend ein ähnlicher, granulirter Kiel, der sich ungefähr in der Mitte des Vorderseitenrandes mit dem oberen, von den Augen ausgehenden Kiel vereinigt: an der Vereinigungsstelle wird eine kleine Ecke gebildet. Ebenso liegt in der Mitte des Hinterseitenrandes noch eine kleine Ecke. Von letzterer zieht sich auf der Oberfläche des Cephalothorax über die Branchialgegend nach vorn ein grob granulirter Wulst, der sich nach vorn in zwei Aeste theilt. Mitte der Oberfläche des Cephalothorax grob granulirt: es lassen sich drei Längslinien gröberer Körner unterscheiden, die sich nach hinten auf der Cardiacalgegend vereinigen. Dahinter liegt auf der Intestinalgegend eine etwa rhombische Gruppe gröberer Körner. Sonst zeigt die Oberfläche des Cephalothorax nur ganz feine, zerstreute Granulationen.

Stirnrand quer abgestutzt. Augenhöhlen nicht von den Antennengruben getrennt. Exopodit des 3. Maxillarfusses mit gebogenem Aussenrande.

Merus, Carpus und Palma der Scheerenfüsse fein granulirt. Merus etwa cylindrisch. Palma und Finger etwas comprimirt. Die übrigen Beine sind glatt, mit ziemlich langem, fast geradem Dactylus.

Abdomen des ♂ lang-dreieckig, 3. bis 6. Segment verwachsen, am distalen Ende mit einem Höcker. Abdomen des ♀ fast kreisrund, 4. bis 6. Segment verwachsen, 7. Segment klein, länglich, etwa doppelt so lang wie breit.

Länge des Cephalothorax des grössten Exemplares (♂): 7 mm.

Steht der *N. abbreviata* BELL (Trans. Linn. Soc., 21, 1855, p. 308, pl. 34, fig. 5) aus dem Indischen Ocean und der *N. rubifera* MÜLLER (Verh. Naturf. Ges., Basel, 8, 2, 1887, p. 480, pl. 4, fig. 4) von Ceylon im Umriss des Cephalothorax am nächsten, unterscheidet sich aber durch die Skulptur der Oberfläche.

Thursday Island, 1 ♂ 2 ♀ (SEMON coll.).

## *Philyra platycheira* DE HAAN.

DE HAAN, Faun. japon. dec. quinta, 1841, p. 132, pl. 33, fig. 6. BELL, l. c. 1855, p. 300. STIMPSON, Proc. A. N. Sc. Philadelphia, 1858, p. 160. DE MAN, Journ. Linn. Soc. Zool., 22, 1888, p. 201.

Diese Art charakterisirt sich durch folgende Merkmale:
Cephalothorax oben glatt, ohne Körner, fein punktirt. Vorderseitenrand nicht ausgeprägt, durch einen kleinen Höcker angedeutet. Pterygostomialkante in den Hinterseitenrand übergehend, gekörnt, die Körner nach hinten zu verschwindend.

Merus der Scheerenfüsse an der Basis und am Vorderrande granulirt. Carpus und Hand glatt, schmal. Finger an den Schneiden zahnlos, der unbewegliche bärtig.

Dar-es-Salaam, Ras Chokir, im Sande, 1 ♂ (ORTMANN coll.).
Verbreitung: Japan (DE HAAN); Hongkong (STIMPSON); Philippinen (BELL); Mergui-Inseln (DE MAN).

### *Leucosia perlata* DE HAAN.

Vgl. ORTMANN, Zool. Jahrb., VI, 1892, p. 584.

Amboina, 1 ♀ spur.; Thursday Island, 1 ♀, 1 ♀ spur. (SEMON coll.).
Verbreitung: Grosse und kleine Sunda-Inseln, Philippinen.

### *Leucosia margaritacea* BELL.

BELL. Trans. Linn. Sc., 21, 1855, p. 288, pl. 30, fig. 8.

Vollkommen mit Beschreibung und Abbildung übereinstimmend.

Kilwa, Rhede, 8—10 m, 1 ♀ spur. (ORTMANN coll.).
Verbreitung: Ein genauerer Fundort war bisher nicht bekannt: BELL giebt den Indischen Ocean an.

## Familie: Hymenosomidae.

### *Hymenosoma orbiculare* DESMAREST.

DESMAREST, Cons. génér. Crust., 1825, p. 163, pl. 26, fig. 1. MILNE-EDWARDS, Hist. Nat. Crust., II, 1837, p. 36 und Atlas zu CUVIER'S Règn. anim., pl. 35, fig. 1. KRAUSS, Südafrik. Crust., 1843, p. 51. MILNE-EDWARDS, Annal. Sc. Nat. (3 Zool., 20, 1853, p. 222. STIMPSON, Proceed. Acad. Sc. Philadelphia, 1858, p. 108. MIERS, Chall. Brach., 1886, p. 280.

Cap: Port Elisabeth, 1 ♂ 2 ♀ (Mus. Strassburg).
Verbreitung: Cap der guten Hoffnung (DESMAREST, MILNE-EDWARDS): Tafelbai (KRAUSS) Simons-Bai (STIMPSON, MIERS).

## Familie: Inachidae.

### *Stenorhynchus brevis* nov. spec. Tafel 1, Fig. 5.

Cephalothorax fast dreieckig, vorn verschmälert, wenig gewölbt. Rostrum aus zwei dicht an einander liegenden Dornen bestehend, spitz dreieckig, kurz, kaum halb so lang als der freie Theil der Stiele der äusseren Antennen. Praeoculardorn und Postoculardorn fehlend. Augen frei vorragend, Stiele an der Spitze über der Cornea mit einem kleinen Dorn. Das feste Stielglied (2 + 3) der äusseren Antennen, sowie das Epistom ohne Stacheln.

Gastricalregion mit drei kleinen Höckern, der hintere etwas grösser als die vorderen. Hepaticalgegend mit zwei kleinen Höckern. Cardiacalgegend mit einem stumpfen Höcker, der etwas höher ist, als der hintere Höcker der Gastricalgegend. Branchialgegenden gewölbt, aber ohne Höcker oder Dornen.

Scheerenfüsse ziemlich kräftig. Hand etwas geschwollen, wie die übrigen Pereiopoden etwas behaart. Letztere lang und schlank, Krallen der 2. und 3. lang, fast gerade, der der 4. und 5. kürzer und gebogen.

Durch die Kürze des Rostrums und das gänzliche Fehlen von Stacheln auf Epistom und festem Stielglied der Antennen von allen bekannten Arten unterschieden.

Kilwa, Rhede, 8—10 m, in Seegras, 1 ♂ (ORTMANN coll.).

### *Achaeus affinis* MIERS.

MIERS. Rep. Zool. Coll. Alert, 1884, p. 188. DE MAN, Arch. f. Naturg. 53, 1, 1886, p. 218.

Auf der Cardiacalregion zeigen beide mir vorliegenden Exemplare einen an der Spitze schwach 2-teiligen Höcker, dahinter steht, wie es DE MAN beschreibt, ein ganz kleiner Höcker. Bei dem einen (kleineren) Exemplar ist die Magengegend so, wie es DE MAN beschreibt: bei dem anderen trägt sie aber im medianen hinteren Theil einen ziemlich spitzen, deutlichen Höcker, der fast so hoch ist, wie der Höcker der Cardiacalgegend. Ich lege auf diesen Unterschied kein Gewicht, da die Ausbildung der Höcker des Cephalothorax auch bei anderen Arten (vergl. *tuberculatus* MIERS bei ORTMANN, Zool. Jahrb., VII, 1893, p. 34) variirt. Die Augenstiele haben in der Mitte des vorderen Randes den für diese Art charakteristischen Höcker.

Thursday Island, 2 ♀ (SEMON coll.).

Verbreitung: Ost-Australien: Port Jackson (MIERS), Port Denison, Moreton-Bay (MIERS); Torres-Strasse: Thursday Island und Prince of Wales Channel (MIERS); West-Australien: Shark-Bay (MIERS); Java: Insel Noordwachter (DE MAN).

### Paratymolus pubescens MIERS.

Vgl. ORTMANN, Zool. Jahrb., VII, 1893, p. 35.

*P. bituberculatus* HASWELL unterscheidet sich nur durch den Dorn der Palma vor dem beweglichen Finger. Die mehr dreieckige Form der Scheere in der Abbildung bei HASWELL (Ann. Mag. N. H. (5), V, 1880, pl. 16, fig. 1, 2) ist vielleicht als Sexualcharakter anzusehen, da HASWELL ein ♂ abbildet, während MIERS nur ein ♀ besass. Die feinen Dornen am Merus der Scheerenfüsse sind auch bei japanischen Exemplaren vorhanden.

Kilwa, Rhede, 8—10 m, 1 ♂ 1 ♀ (ORTMANN coll.).

Verbreitung: Japan: Matoya (MIERS), Kagoshima und Tanagava (ORTMANN). — *P. bituberculatus* kommt in der Torres-Strasse und in Queensland vor.

### Camposcia retusa LATREILLE.

Vgl. ORTMANN, Zool. Jahrb., VII, 1893, p. 35.

Amboina, 1 ?; Thursday Island, 2 ♂ (SEMON coll.).

Verbreitung: Vom Rothen Meer und Ost-Afrika bis zu den Fidji-Inseln.

### Gattung: Anacinetops MIERS.

MIERS. Ann. Mag. Nat. Hist. (5), IV, 1879, p. 3.

Diese Gattung gehört in die Verwandtschaft von *Eucinetops* STIMPSON und *Camposcia* LATR. (vgl. MIERS, Journ. Linn. Soc., 14, 1879, p. 644). Sie würde sich durch folgende Diagnose unterscheiden:

Cephalothorax länglich. Rostrum kurz, von zwei abgeflachten Dornen gebildet, die durch einen schmalen Spalt getrennt sind. Augen lang und schlank, gegen die Seiten des Cephalothorax zurücklegbar. Kein Praeorbitaldorn. Hinter den Augen zwei hintereinander stehende Postoculardornen. Keine untere Begrenzung von Orbiten. Festes Stielglied der äusseren Antennen etwa doppelt so lang wie breit, die beiden folgenden Glieder cylindrisch. Dritter Maxillarfuss mit am distalen Ende abgestutztem und schwach ausgerandetem Merus. Gehfüsse mittelmässig schlank.

### Anacinetops stimpsoni MIERS. Tafel III, Fig. 2.

*Eucinetops? stimpsoni* MIERS, ibid.

Ein mir vorliegendes ♂ glaube ich zu dieser Art bringen zu können. Wenn auch die Beschreibung bei MIERS etwas kurz ist, so widerspricht keines der angegebenen Merkmale dieser Zugehörigkeit.

Cephalothorax fast birnenförmig, von der Spitze des Rostrums bis zum Hinterrande 20 mm lang. Oberseite convex, ohne Dornen und Tuberkeln, nur etwas runzelig an den undeutlichen Grenzen der Regionen. Rostrum schwach abwärts geneigt, etwa bis zur Hälfte in zwei abgeflachte und spitze Dornen gespalten. Oberer Augenhöhlenrand ohne Praeorbitaldorn, hinter den Augen in einen kleinen Lappen vorspringend. Dahinter stehen zwei weitere, etwas abgeflachte, stumpfe Dornen, deren hinterster dem Postoculardorn homolog ist. Augen schlank, wenn gegen die Seiten zurückgelegt, bis unter den Postoculardorn reichend. Festes Stielglied der äusseren Antennen etwa doppelt so lang wie breit, am distalen Ende mit zwei kleinen Höckern, einem an der äusseren, einem an der inneren Ecke. Von einem unteren Orbitalrand ist keine Spur vorhanden.

Merus des 3. Maxillarfusses am distalen Ende abgestutzt und schwach ausgerandet.

Scheerenfüsse des ♂ ziemlich schwach und glatt. Palma etwas comprimirt, Finger dünn und spitz, an den Schneiden undeutlich gezähnt, an der Basis ein wenig klaffend. Die folgenden Pereiopoden sind mittelmässig, nehmen von vorn nach hinten etwas an Länge ab, und sind nur wenig länger als der Cephalothorax (2. Pereiopoden 27 mm, fünfte 22 mm).

Abdomen des ♂ aus sieben getrennten Gliedern bestehend.

Körper und Beine mit zahlreichen, steifen, hakenförmigen Haaren besetzt und mit einem dichten Filz von Algen, Bryozoen und Schlamm bedeckt.

Thursday Island, 1 ♂ (SEMON coll.).

Verbreitung: Nordost-Küste Australiens (MIERS).

Crustaceen.

### *Huenia proteus* DE HAAN.

Vgl. ORTMANN, l. c. 1893, p. 40.

Thursday Island, 1 ♂ (SEMON coll.).

Verbreitung: Japan (DE HAAN): Kadsiyama (ORTMANN); China (ADAMS et WHITE); Philippinen (ADAMS et WHITE); Torres-Strasse (HASWELL): Thursday Island (MIERS), Cap York (MIERS); Queensland (MIERS); Norfolk-Inseln (MIERS); Ceylon (MÜLLER).

### *Huenia grandidieri* A. MILNE-EDWARDS.

*H. grandidieri* MILNE-EDWARDS, Annal. Soc. entom. France 4, V, 1865, p. 143, pl. 4, fig. 2.
*H. pacifica* MIERS, Ann. Mag. N. H. 5, IV, 1879, p. 5, pl. 4, fig. 3. MIERS, Rep. Zool. Coll. Alert, 1884, p. 520.

Durch das an der Basis schmalere Rostrum, die stärker entwickelten Praeorbitaldornen und die drei Höcker auf der Gastricalregion von *H. proteus* unterschieden.

Merus der Pereiopoden distal mit einem stumpfen Dorn oder Höcker. Scheeren des ♂ kräftig. Palma etwas comprimirt, Finger viel kürzer als die Palma, klaffend, nur an der Spitze sich berührend und daselbst mit ca. 4 in einander greifenden Zähnen. Beweglicher Finger nahe der Basis mit einem rechteckig abgestutzten Höcker.

Das ♀ von Kilwa zeigt ein etwas längeres Rostrum als die übrigen Exemplare, geringer entwickelte vordere Lappen des Seitenrandes und schwächere Höcker der Oberfläche. Es stimmt in der äusseren Körperform gut mit der Abbildung der *H. pacifica*, welche letztere offenbar mit *grandidieri* identisch ist.

Kilwa, Rhede, 8—10 m, 1 ♀; Dar-es-Salaam, Upanga-Riff, 2 ♂ 4 ♀ (ORTMANN coll.).

Verbreitung: Zanzibar (A. MILNE-EDWARDS); Seychellen (MIERS); Fidji-Inseln (MIERS).

### *Menaethius monoceros* (LATREILLE).

Vgl. ORTMANN, l. c. p. 41.

Dar-es-Salaam, Upanga-Riff, 1 ♂ 1 ♀ (ORTMANN coll.).

Verbreitung: Vom Rothen Meer, Zanzibar und den Mascarenen bis zu den Samoa- und Sandwich-Inseln.

### *Acanthonyx quadridentatus* KRAUSS.

KRAUSS, Südafrik. Crust., 1843, p. 49, pl. 3, fig. 7.

Mit der Beschreibung und Abbildung gut übereinstimmend: nur stehen auf der vorderen Branchialregion jederseits noch zwei ganz kleine Höckerchen.

Dar-es-Salaam, Upanga-Riff, 1 ♂ (ORTMANN coll.).

Verbreitung: Natalküste (KRAUSS).

### *Acanthonyx dentatus* MILNE-EDWARDS.

*Acanthonyx dentatus* MILNE-EDWARDS, Hist. Nat. Crust. I, 1834, p. 343. KRAUSS, Südafrik. Crust., 1843, p. 48. STIMPSON, Proceed. Acad. N. Sc. Philadelphia, 1857, p. 219.
*Dehaanius acanthopus* MACLEAY, Annulosa in: SMITH, Zool. S. Afric., 1838, p. 58, pl. 3.
*Dehaanius dentatus* MIERS, Chall. Brach., 1886, p. 39.

Ich sehe den Grund nicht ein, weshalb MIERS diese Form als *Dehaanius* MACLEAY von der Gattung *Acanthonyx* trennen will.

Cap: Port Elisabeth, 6 Ex. (Mus. Strassburg).

Verbreitung: Cap der guten Hoffnung (MILNE-EDWARDS); Simons-Bay (STIMPSON, MIERS); Natalküste (KRAUSS).

### Gattung: *Pseudomicippe* HELLER.

MIERS (Journ. Linn. Soc. Zool., 14, 1879, p. 661) stellt diese Gattung in die Unterfamilie *Micippinae* der Familie *Majidae*. Nach der Gestalt der Augenhöhlen kann sie aber in dem System von MIERS nur zur Familie *Inachidae* gehören, und zwar entweder zur Unterfamilie *Inachinae*, und dann in die nächste Verwandtschaft von *Halimus* (vielleicht hat HASWELL diese Verwandtschaft richtig erkannt, wenn er eine von ihm beschriebene, mit Zweifel hierher gehörige Form als *Microhalimus* in eine Untergattung von *Halimus* bringt); oder man stellt diese Gattung noch besser in die Unterfamilie *Stenocinopinae*, nur ist bei ihr der Praeoculardorn nicht so stark entwickelt. Da das System von MIERS ein ganz künstliches ist, so halte ich es für überflüssig, zu versuchen, dieser Gattung in demselben eine feste Stellung anzuweisen: auf keinen Fall gehört sie aber in die Familie der *Majidae*, und mit *Micippe* hat sie gar nichts zu thun.

Die drei bekannten Arten lassen sich in folgender Weise zusammenstellen:

a. Praeoculardorn als stumpfer Dorn gut entwickelt, an seiner Basis oben ohne besonderen Höcker sondern nur wulstig. Gastricalgegend in der Mittellinie nur mit zwei deutlichen Höckern.
*Ps. nodosa* HELLER.
aa. Praeoculardorn nur als kleiner Höcker entwickelt, seine Basis bildet oben (zwischen den Augen) je einen deutlichen Höcker (Bord sus-orbitaire très-saillant et surmonté d'un gros tubercule A. M.-E.). Gastricalgegend in der Mittellinie mit vier deutlichen Höckern ¹).
 b. Sternum an der Berührungsstelle der Segmente mit leicht granulirten, vorspringenden Kielen.
*Ps. tenuipes* A. M.-E. ²).
 bb. Sternum ohne diese Kiele.
*Ps. varians* MIERS.

### *Pseudomicippe nodosa* HELLER.

HELLER, Sitz.-Ber. Akad. Wiss. Wien, 43, 1861, p. 303, pl. 1, fig. 3—6.

Bei dem vorliegenden ♀ sind die Rostralhörner, wie es HELLER angiebt, fast senkrecht nach unten gerichtet, und sie entsprechen völlig der Abbildung. Bei den ♂ ist die Neigung lange nicht so stark, wie auch die Gastricalregion nicht so auffällig erhaben und gegen die Stirn zu weniger abschüssig ist. Auch sind die Rostralhörner bei den ♂ spitz, nur bei dem kleinsten Exemplar stumpflich.

Dar-es-Salaam, Upanga-Riff, 5 ♂ 1 ♀ (ORTMANN).
Verbreitung: Rothes Meer (HELLER).

### *Pseudomicippe varians* MIERS.

MIERS, Ann. Mag. N. H. (5), IV, 1879, p. 12, pl. 4, fig. 8. MIERS, Rep. Zool. Coll. Alert, 1884, p. 197. MIERS, Chall. Brach., 1886, p. 68.

Wie bei der vorigen Art ist die Abschüssigkeit der Gastricalgegend nach vorn und die Neigung der Rostralhörner beim ♂ und ♀ verschieden. Diese Neigung ist bei meinen ♀ etwa so stark, wie bei den ♂ der vorigen Art, oder etwas schwächer, vgl. die Abbildung bei MIERS, Fig. 8a, bei den ♂ ist sie noch schwächer.

MIERS vermuthet, dass *Microhalimus deflexifrons* HASWELL (Catal. Austral. Crust., 1882, p. 7) von Port Jackson mit dieser Form identisch sei; auch ich möchte mich dieser Ansicht anschliessen, leider ist aber die Beschreibung bei HASWELL recht ungenau.

Thursday Island, 3 ♂ 3 ♀ (SEMON coll.).
Verbreitung: Queensland: Port Denison; Torres-Strasse, Thursday Island; West-Australien: Shark-Bay (MIERS).

### Familie: Majidae.

### *Egeria arachnoides* (RUMPH).

Vgl. ORTMANN, Zool. Jahrb. VII, 1893, p. 48.

Thursday Island, ein sehr schlechtes Exemplar (SEMON coll.).
Verbreitung: Von Indien (Coromandel) über die Ost-Asiatischen Inseln bis China, zu den Philippinen und Australien. Aus der Torres-Strasse von HASWELL erwähnt.

### *Maja squinado* (RONDELET).

#### *var. capensis* nov.

Diese Form stimmt in der allgemeinen Körpergestalt völlig mit Exemplaren der *M. squinado* aus dem Mittelmeer überein, sie zeigt jedoch insofern eine gewisse Annäherung an *M. verrucosa* M.-E., als auf der Oberfläche des Cephalothorax zahlreiche gerundete, stumpfe Warzen an Stelle der kegelförmigen Stacheln der *M. squinado* stehen. Während aber bei *M. verrucosa* aus dem Mittelmeer fast die ganze Oberfläche des Cephalothorax mit solchen stumpfen Warzen besetzt ist, finden sich bei der vorliegenden Form noch manche spitze, kegelförmige Dornen, z. B. auf den Branchialgegenden. Vor allen Dingen aber zeigt die *var. capensis* in der Mittellinie des Cephalothorax eine Reihe von hohen, kräftigen, spitzen Dornen, die bei *M. verrucosa* nie in dieser Weise entwickelt sind, sich jedoch bei *M. squinado* finden. Aus diesem

---

1) A. MILNE-EDWARDS sagt im Text mit 5 Höckern, seine Abbildung zeigt aber nur 4.
2) A. MILNE-EDWARDS, Annal. Soc. entomol. France (4), V, 1865, p. 139, pl. 5, fig. 2. — Indischer Ocean.

Grunde sehe ich auch die vorliegende Form als var. von *squinado* und nicht von *verrucosa* an. Jedenfalls ist sie eine vermittelnde Form zwischen beiden.

Der Fundort ist sehr auffällig. Seine Richtigkeit wird aber — abgesehen davon, dass die übrigen im Mus. Strassburg befindlichen Formen von Port Elisabeth, die alle aus derselben Quelle stammen, durchaus keinen Zweifel in Bezug ihres Herkommens aufkommen lassen — besonders noch dadurch verbürgt, dass sich auf den Exemplaren gewisse Bryozoën vorfinden, die für Süd-Afrika charakteristisch sind, wie *Catenicella sp.* und *Onchoporella bombycina* L.

Da diese Form sich eng an die beiden europäischen Arten anschliesst, die bisher ausserhalb des Mittelmeeres und der NW.-Europäischen Küsten noch nicht gefunden wurden, so wäre es interessant, wenn die letzteren sich auch an den West-Afrikanischen Küsten auffinden liessen, wodurch dann die Continuität des Verbreitungsgebietes von Europa bis Süd-Afrika hergestellt würde: ein Verhältniss, das nichts Auffallendes haben würde, da Formen mit einer derartigen Verbreitung schon bekannt sind.

Cap: Port Elisabeth, 3 ♀ (Mus. Strassburg).

### Gattung: *Hyastenus*.

Versuch einer Tabelle der Hyastenus-Arten.
a. Cephalothorax oben glatt oder nur mit einzelnen Dornen (ohne Tuberkeln).
 b. Nur je ein Dorn seitlich auf den Branchialgegenden, der bei einer Varietät (*elongata* ORTM.) fehlt. *H. diacanthus* (DE H.).
 bb. Je ein Dorn auf den Branchialgegenden und zwei Dornen auf der Gastricalgegend.
 *H. aries* (Latr.)[1]).
 bbb. Ausserdem noch ein Dorn am Hinterrande des Cephalothorax. *H. spinosus* A. M.-E.[2]).
aa. Cephalothorax oben uneben und höckerig (mit Dornen und Tuberkeln).
 b. Cephalothorax wenig höckerig: Cardiacalgegend und obere Branchialgegend ohne Höcker und Dornen.
 Hierher: *H. planasius* AD. WH.[3]), *H. ovatus* (DAN.)[4]), *H. convexus* MIERS[5]), *H. brocki* D. M.[6]), *H. carribaeus* RATHB.[7]).
 bb. Branchialregion mit Dornen oder Tuberkeln. Cardiacal- und Intestinalregion höckerig oder dornig.
  c. Cardiacal- und Intestinalregion je nur von einem Höcker oder Dorn eingenommen (bisweilen vor dem Höcker der Cardiacalregion noch ein kleiner, nie aber neben ihm).
   d. Gastrical- und Cardiacalregion in je einen stumpfen Höcker erhoben.
   *H. hilgendorfi* D. M.[8]).
   dd. Gastricalregion in der Medianlinie mit zwei Höckern.
    e. Gastricalregion im Ganzen mit 6 Höckern, die in einer medianen Längsreihe (von 2) und in einer Querreihe angeordnet sind. Auf der Branchialregion mehrere dornförmige Höcker.
    *H. pleione* (HBST.)[9]).
    ee. Gastricalregion im Ganzen mit 8 Höckern, die in drei Längsreihen angeordnet sind. Auf der Branchialregion nur ein dornförmiger Höcker, die übrigen Höcker klein.
    Hierher: *H. japonicus* MRS.[10]), *H. longipes* (DAN.)[11]).
   ddd. Gastricalgegend in der Medianlinie mit drei Höckern.
    e. Gastricalgegend nur mit diesen drei Höckern. Branchialgegend nur mit zwei Dornen.
    *H. gracilirostris* MRS.[12]).
    ee. Gastricalgegend seitlich mit weiteren Höckern. Branchialgegend ebenfalls mit weiteren Höckern.

---

1) Vgl. *Chorinus aries* MILNE-EDWARDS, H. N. Cr., I, 1834, p. 315. — Ost-Indien.
2) A. MILNE-EDWARDS, Nouv. Arch. Mus., 8, 1872, p. 250. — Mozambique. Fidji.
3) ADAMS et WHITE, Zool. Voy. Samarang, 1848, p. 9. pl. 2, fig. 4, 5. — China, Australien.
4) *Lehaina ovata*, DANA, U. S. Expl. Exp. 1852, p. 93 pl. 2, fig. 1. MIERS, Alert, 1884, p. 522. — Sandwich-Ins., Amiranten.
5) MIERS, Alert, 1884, p. 196, pl. 18, B. — Australien.
6) DE MAN, Arch. f. Naturg., 53, 1, 1887, p. 221, pl. 7, fig. 1. — Amboina.
7) RATHBUN, Proc. U. S. Nation. Mus, 16, 1893, p. 85, pl. 6, fig. 2. — Columbia: Sabanilla.
8) DE MAN, Journ. Linn. Soc., 22, 1888, p. 14, pl. 1, fig. 3. 4. — Mergui-Inseln.
9) Vgl. DE MAN, l. c. 1887. p. 225, pl. 6, fig. 3, l. c. 1888, p. 18. — Mergui-Inseln, Amboina.
10) MIERS, Proc. Zool. Soc. London. 1879, pl. 1, fig. 2. — Japan.
11) *Chordia longipes* DANA, U. S. Expl. Exp., 1852, p. 91, pl. 1. fig. 5. STIMPSON, Boston Journ. Nat. Hist., 6. 4. 1854, p. 455. *Hyastenus longipes* (DAN.) RATHBUN, Proceed. U. S. Nation. Mus., 16, 1893, p. 85, pl. 7. — Von Alaska bis San Diego. Californien. — Nach RATHBUN soll *H. japonicus* hiermit identisch sein
12) MIERS, Ann. Mag. N. H. (5). IV, 1879. p. 12, pl. 4. fig. 7. — Fidji.

f. Rostralhörner lang. Praeoculardorn und Dorn an der vorderen äusseren Ecke des Basalgliedes der äusseren Antennen gut entwickelt. *H. elegans* MRS.[1])
ff. Rostralhörner kürzer. Praeoculardorn und Antennaldorn fehlend.
*H. brevicornis* nov. spec.
cc. Cardiacalgegend mit einer Gruppe von Höckern, ebenso die Intestinalgegend mit mehreren Höckern. Höcker der Gastricalgegend sehr zahlreich.
d. Rostralhörner an der Basis genähert. *H. sebae* WH.
dd. Rostralhörner an der Basis etwas entfernt von einander. *H. oryx* A. M.-E.[2]).

### *Hyastenus diacanthus* (DE HAAN).

Vgl. ORTMANN, Zool. Jahrb., VII, 1893, p. 55. RATHBUN, Proceed. U. S. Nat. Mus., 16, 1893, p. 85.

Die Rostralhörner divergiren etwas stärker als bei typischen Exemplaren.
Thursday Island, 3 Ex. (SEMON coll.).
Verbreitung: Japan (DE HAAN, STIMPSON, MIERS, ORTMANN, RATHBUN); China (STIMPSON, HELLER); Philippinen (HASWELL, MIERS); Java (DE MAN); Singapur (WALKER); Arafura-See (MIERS); Australien (A. MILNE-EDWARDS, HASWELL, MIERS, RATHBUN); Neu-Seeland (HASWELL).

### *Hyastenus brevicornis* nov. spec. Tafel III, Fig. 3.

Diese Art steht dem *H. gracilirostris* und dem *H. elegans* sehr nahe. Sie unterscheidet sich von ersterer durch zahlreichere Höcker auf dem Cephalothorax, von letzterer durch kürzere Rostralhörner, fehlenden Praeocular- und Antennaldorn und durch etwas andere Anordnung der Höcker der Branchialgegend.
In der Mittellinie der Gastricalgegend stehen drei kleine Höcker hinter einander, neben diesen jederseits drei kleinere Höcker, die zwei vorderen neben einander. Ferner steht je ein grösserer, dornähnlicher auf der Cardiacal- und Intestinalgegend, vor dem ersteren noch ein ganz kleiner. Auf den Branchialgegenden steht je ein grosser Epibranchialstachel, und zwischen diesem und dem Cardiacalhöcker steht noch ein kleiner Höcker. Mehr nach vorn liegen noch drei kleine Höcker, der vorderste hinter dem Postorbitalzahn, nach innen von den beiden hinteren findet sich ein undeutlicher Wulst. Unter dem Epibranchialdorn, nach den Pereiopoden zu liegt ein weiterer Höcker. Supraorbitalrand wie bei *gracilirostris*.
Die Pereiopoden stimmen mit *gracilirostris* überein, die Rostralhörner sind etwas kürzer.
Kilwa, auf der Rhede, 8—10 m, 1 ♂ 1 ♀ (ORTMANN coll.).

### *Hyastenus sebae* WHITE.

WHITE, Proceed. Zool. Soc. London, 15, 1847, p. 57. ADAMS et WHITE, Zool. Voy. Samarang. Crust., 1848, p. 11. DE MAN. Arch. f. Naturg., 53, 1, 1887, p. 223.

Mein Exemplar gehört nach der Bildung der Rostralhörner zu *sebae* (vergl. DE MAN und A. MILNE-EDWARDS, 1872, p. 252), die letzteren sind an der Basis genähert und divergiren etwas nach vorn. Sie sind aber kürzer als bei erwachsenen ♂. Cephalothorax 15 mm lang, Rostralhörner 5,5 mm.
Thursday Island, 1 ♀ (SEMON coll.).
Verbreitung: Philippinen (ADAMS et WHITE); Amboina (DE MAN).

### Gattung: *Naxia*.

Tabelle der Arten der Gattung Naxia:
a. In der Medianlinie des Cephalothorax auf der Gastricalgegend und Cardiacalgegend keine Dorn-Höcker. Meren der Pereiopoden am distalen Ende oben ohne Dornen.
b. Accessorische Dornen der Rostralhörner nahe der Spitze (aufwärts gerichtet), fast so lang wie die etwas auswärts gerichteten Spitzen der Hörner selbst. Praeoculardorn stark entwickelt. Branchialgegend mit je einem Dorn. *N. serpulifera* (GUÉR.).
bb. Accessorische Dornen der Rostralhörner kürzer. Praeoculardorn unentwickelt. Branchialgegend mit einem grösseren und 1—2 kleineren Dornen. *N. hirta* (A. M.-E.)[3]).

---
1) MIERS, Chall. Brach., 1886, p. 58, pl. 6, fig. 3. — Neu-Guinea: Ki Isl.
2) A. MILNE-EDWARDS, Nouv. Arch. Mus., 8, 1872. p. 250, pl. 14, fig. 1 MIERS, Alert, 1884, p. 195 und 522. DE MAN, Arch. f. Nat.,1887, p. 224, pl. 7, fig. 2. - Westlicher Indischer Ocean: Providence Isl., Java, China-See, Philippinen, Australien, Neu-Caledonien.
3) *Naxioides hirta* A. MILNE-EDWARDS, Annal. Soc. entomol. France (4), V. 1865, p. 143, pl. 4, fig. 1. *Podopisa petersi*, HILGENDORF, Mon. Ber. Ak. W. Berlin. 1878, p. 785, pl. 1, fig. 1—5. *Naxia petersi* MIERS. Alert. 1884, p. 523. *N. hirta* MIERS, Chall. Brach. 1886, p. 61. — Mozambique, Zanzibar, Amiranten, Philippinen.

aa. In der Medianlinie des Cephalothorax eine Anzahl spitzer Dornhöcker auf Gastrical-, Cardiacal- und Intestinalgegend. Meren der Pereiopoden am distalen Ende oben mit einem Dorn.
    b. Praeoculardorn schräg nach vorn und oben gerichtet.
        c. Rostralhörner kürzer als der halbe Cephalothorax. Accessorischer Dorn nahe der Spitze. Vier kräftige Dornen in der Medianlinie des Cephalothorax. Drei kräftige Dornen auf den Branchialgegenden.      *N. hystrix* MRS.[1]).
        cc. Rostralhörner länger als der halbe Cephalothorax. Accessorischer Dorn entfernter von der Spitze. In der Mittellinie des Cephalothorax und auf den Branchialgegenden treten noch weitere Dornen hinzu.
        d. Rostralhörner stärker divergirend. Die Dornen des Cephalothorax schwächer und weniger zahlreich.      *N. mammillata* ORTM.[2]).
        dd. Rostralhörner weniger divergirend. Dornen des Cephalothorax sehr stark entwickelt und zahlreich.      *N. robillardi* MRS.[3]).
    bb. Praeoculardorn aufwärts gerichtet und gegen die Spitze schwach rückwärts gebogen, sehr kräftig. In der Mittellinie des Cephalothorax vier, auf den Branchialgegenden drei Dornen. Rostralhörner lang.      *N. cerastes nov. spec.*

### *Naxia serpulifera* (GUÉRIN).

MILNE-EDWARDS, H. N. Cr., I. 1834, p. 313. HASWELL. Catal. Austral. Crust., 1882, p. 21. MIERS, Rep. Zool. Coll. Alert. 1884. p. 196.

Der Höcker der Intestinalregion ist bei jungen Exemplaren kräftiger, fast dornförmig. Bei dem grössten mir vorliegenden Exemplar (♂) ist er stumpf und gerundet. Hinter ihm liegt bei allen Exemplaren dicht am hinteren Rande des Cephalothorax ein kleinerer Höcker.

Thursday Island, 9 Ex. (SEMON coll.).

Verbreitung: Australien (MILNE-EDWARDS): Raffles Bay (MIERS), Port Essington (HASWELL), Thursday Island (HASWELL, MIERS), Shark Bay (MIERS).

### *Naxia cerastes nov. spec.* Tafel III, Fig. 4.

Rostralhörner über halb so lang als der Cephalothorax (Rostralhörner: 12 mm, Cephalothorax: 19 mm), stark divergirend. Accessorischer Dorn etwas entfernt von der Spitze. In der Mittellinie des Cephalothorax stehen vier kräftige Dornen, davon zwei auf der Gastricalgegend, je einer auf der Cardiacal- und Intestinalgegend. Auf der Gastricalgegend steht neben dem vorderen Dorn jederseits ein kleinerer, ausserdem noch je drei kleine Höcker. Branchialgegend mit drei spitzen Dornen und einem Höcker neben dem Cardiacaldorn. Pterygostomialgegend mit zwei über einander stehenden Dornen, der obere in der Höhe des Auges. Vordere Ecke des Mundfeldes mit einem Dorn. Von diesem ziehen sich fünf Höcker über der Basis der Pereiopoden nach der Branchialgegend hin. Praeoculardorn aufwärts gerichtet und leicht rückwärts gekrümmt, etwa so lang wie die vorderen Dornen der Gastricalgegend. Festes Stielglied der äusseren Antennen an der vorderen äusseren Ecke mit einem spitzen Dorn, ein weiterer, nach aussen und abwärts gerichteter Dorn steht nahe der Basis desselben.

Meren der Pereiopoden am distalen Ende oben mit einem schlanken Dorn.

Die Bedornung des Cephalothorax erinnert einigermaassen an *N. hystrix*. Die eigenthümliche Entwickelung des Praeoculardornes unterscheidet aber die vorliegende Art von allen bereits bekannten.

Thursday Island, 1 ♂ (SEMON coll.).

### *Schizophrys aspera* (MILNE-EDWARDS).

Vgl. ORTMANN, l. c. 1893, p. 57. RATHBUN, Proceed. U. S. Nat. Mus., 16, 1893. p. 91.

Amboina, 3 juv. (SEMON coll.).

Verbreitung: Durch das ganze Indo-Pacifische Gebiet, vom Rothen Meer und Madagascar bis Japan, Australien und Samoa.

### *Micippe philyra* (HERBST).

Vgl ORTMANN. l. c. p. 59.

Meine Exemplare stimmen völlig mit dem von RICHTERS (Beitr. Meeresf. Mauritius und Seychellen, 1880, p. 142, pl. 15, fig. 1—5) beschriebenen ♂ der *Micippe philyra latifrons* überein.

---
1) MIERS, Chall. Brach., 1886, p. 60, pl. 6, fig. 4. — Amboina.
2) ORTMANN, Zool. Jahrb., VII, 1893, p. 56, pl. 3, fig. 7. — Japan.
3) MIERS, Proceed. Zool. Sc., 1882, p. 339, pl. 20, fig. 1. — Mauritius.

Dar-es-Salaam, Upanga-Riff. 3 ♂ (ORTMANN coll.).
**Verbreitung**: Rothes Meer bis Tongatabu. Von der ost-afrikanischen Küste bisher noch nicht bekannt; die nächsten Fundorte sind: Rothes Meer (RÜPPELL, HELLER, A. MILNE-EDWARDS); Cap (?) (A. MILNE-EDWARDS); Madagascar: Nossi Bé (LENZ und RICHTERS); Mauritius (MILNE-EDWARDS, RICHTERS).

### *Micippe thalia* (HERBST) *var.*

Vgl. ORTMANN, l. c. 1893, p. 60.

Das vorliegende Exemplar würde in den sonstigen Charakteren mit der *Micippe thalia caledonica* bei KOSSMANN (Erg. Reis. Roth. Meer, I, 1877, p. 8) übereinstimmen: jedoch ist das Rostrum ganz eigenthümlich gebildet. Dasselbe ist zunächst senkrecht nach unten geneigt und biegt dann wieder, etwa von der Mitte ab, schräg nach rückwärts und unten, d. h. gegen die Unterfläche des Körpers zu. Es verschmälert sich gegen die Spitze, die kurz zweilappig ist, der Rand besitzt keine Dornen. Die Enddornen sind also nicht, wie sonst bei *thalia*, divergirend oder fast parallel, sondern convergiren offenbar, indem sie dabei auf eine längere Strecke median verwachsen bleiben. Bei den vielfachen Variationen, die die Arten der Gattung *Micippe* zeigen, scheue ich mich, diese Form als besondere Art einzuführen.

Thursday Island, 1 ♀ (SEMON coll.).
**Verbreitung** der *M. thalia*: Vom Rothen Meer und Natal bis Japan und Neu-Caledonien.

### Familie: **Pericerldae**.

### *Tiarinia gracilis* DANA.

Vgl. ORTMANN, l. c. p. 62.

Amboina, 1 ♂ (SEMON coll.).
**Verbreitung**: Singapur (ORTMANN); Sulu-See (DANA); Neu-Guinea (ORTMANN).

### *Tylocarcinus styx* (HERBST).

Vgl. ORTMANN, l. c. p. 62.

Amboina, 1 ♀ (SEMON coll.).
Dar-es-Salaam, Upanga-Riff 1 ♂ (ORTMANN coll.).
**Verbreitung**: Vom Rothen Meer bis zu den Fidji-Inseln. — Neu für Ost-Afrika, die nächsten Fundorte sind: Rothes Meer (A. MILNE-EDWARDS, DE MAN); Mauritius (MILNE-EDWARDS, ADAMS et WHITE). — Von Amboina von DE MAN erwähnt.

### Familie: **Platyonychidae**.

### *Portumnus pulchellus* (MACLEAY).

*Xaiva pulchella* MACL. KRAUSS. Südafrik. Crust., 1843, p. 27.
*Platyonychus pulch.* (MACL.) A. MILNE-EDWARDS, Arch. Mus., X, 1861, p. 412.

Cap: Port Elisabeth, 2 ♂ 1 ♀ (Mus. Strassburg).
**Verbreitung**: Süd-Afrika (MACLEAY, A. MILNE-EDWARDS).

### *Platyonychus bipustulatus* MILNE-EDWARDS.

Vgl. ORTMANN, Zool. Jahrb., VII, 1893, p. 65.

Cap: Port Elisabeth, 3 ♀ (Mus. Strassburg).
**Verbreitung**: Chile, Patagonien, Neu-Seeland, Süd-Australien, Cap. — Ausserdem Japan (DE HAAN, ORTMANN) und Indien (A. MILNE-EDWARDS).

### Familie: **Carupidae**.

### *Carupa laeviuscula* HELLER.

Vgl. ORTMANN, l. c. p. 68.

Amboina, 1 ♀ juv. (SEMON coll.).
**Verbreitung**: Rothes Meer (DE MAN); Japan (ORTMANN); Amboina (DE MAN); Timor (DE MAN); Samoa (ORTMANN); Tahiti (HELLER).

Familie: **Portunidae.**

*Neptunus (Achelous) granulatus* (MILNE-EDWARDS).

Vgl. ORTMANN, l. c. p. 72.

Dar-es-Salaam, im Hafen, 1 ♂ (ORTMANN coll.).

Verbreitung: Vom Rothen Meer bis Japan und Tahiti. — Von der ost-afrikanischen Küste noch nicht erwähnt; die nächsten Fundorte sind: Rothes Meer (A. MILNE-EDWARDS); Madagascar: Nossi Bé (LENZ und RICHTERS); Mascarenen (MILNE-EDWARDS, HOFFMANN, RICHTERS, ORTMANN); Seychellen (MIERS).

*Neptunus pelagicus* (LINNÉ).

Vgl. ORTMANN, l. c. p. 74.

Auch die vorliegenden beiden jugendlichen Exemplare von der Thursday-Insel entsprechen vielleicht dem *N. armatus* A. MILNE-EDWARDS.

Amboina, 3 Ex., Thursday Island, 2 juv. (SEMON coll.).

Verbreitung: Ueberall im Indo-Pacifischen Gebiet.

*Neptunus sanguinolentus* (HERBST).

Vgl. ORTMANN, l. c. p. 75.

Amboina, 2 juv. (SMON coll.).

Dar-es-Salaam, im Hafen, 1 ♂ 2 juv. (ORTMANN coll.).

Verbreitung: Indischer Ocean bis Japan, Australien und zu den Sandwich-Inseln. — Wird vom Cap (HELLER) und Réunion (HOFFMANN) angegeben, von Amboina noch nicht bekannt.

*Scylla serrata* (FORSKAL).

Vgl. ORTMANN, l. c. p. 78.

Dar-es-Salaam, im Hafen, 1 ♂ (ORTMANN coll.).

Verbreitung: Rothes Meer bis Natal, Japan, Australien und Tahiti.

Familie: **Thalamitidae.**

*Goniosoma sexdentatum* (HERBST).

Vgl. A. MILNE-EDWARDS, Arch. Mus., X, 1861, p. 372, DE MAN, Not. Leyd. Mus., I, 1879, p. 59.

Thursday Island, 1 juv. (SEMON coll.).

Verbreitung: Rothes Meer (RÜPPELL); Mayotte (A. MILNE-EDWARDS); Bombay (A. MILNE-EDWARDS); Sumatra (A. MILNE-EDWARDS); Amboina (DE MAN).

*Goniosoma affine* (DANA).

*Charybdis affinis* DANA, U. S. Expl. Exp., 1852, p. 286, pl. 17, fig. 12.
*Goniosoma affine* (DEM.) A. MILNE-EDWARDS, Arch. Mus., X, 1861, p. 384. DE MAN, Journ. Linn. Soc. Zool., 22, 1888, p. 80, pl. 5, fig. 2.

Dar-es-Salaam, im Hafen, 1 ♀ (ORTMANN coll.).

Verbreitung: Singapur (DANA); Mergui-Inseln (DE MAN).

*Goniosoma (Thalamonyx) danae* A. MILNE-EDWARDS.

Vgl. ORTMANN, l. c. 1893, p. 83.

Meine Exemplare unterscheiden sich von typischen dadurch, dass der vierte Anterolateralzahn etwas kleiner ist als der folgende. Die Dornen der Scheere sind sehr variabel, meist sind drei gut entwickelt, häufig aber auch der obere dicht vor dem beweglichen Finger gelegene. Granulirung des Cephalothorax ebenfalls variabel.

Diese Form ähnelt ausserordentlich jungen Exemplaren von *Thalamita sima*. Letztere, die mir in gleicher Grösse vorliegen (vgl. unten), unterscheiden sich nur durch deutlichen Dorn über der Basis des beweglichen Fingers und durch stärker gekielte Hände. Vielleicht ist *Thalamonyx* überhaupt nur als Jugendform von *Thalamita* aufzufassen.

Kilwa, Rhede, 8—10 m, 9 ♂ 4 ♀; Dar-es-Salaam, im Hafen, 1 ♂ 1 ♀ (ORTMANN coll.).

Verbreitung: Neu-Caledonien (A. MILNE-EDWARDS); Samoa-Inseln (A. MILNE-EDWARDS, ORTMANN).

### Thalamita admete (HERBST).
Vgl. ORTMANN, l. c. p. 83.
Amboina, 1 ♂ (SEMON coll.).
Verbreitung: Vom Rothen Meer bis Natal und Tahiti. — Von Amboina noch nicht erwähnt.

### Thalamita savignyi A. MILNE-EDWARDS.
A. MILNE-EDWARDS, Arch. Mus. Paris, X, 1861, p. 357. A. MILNE-EDWARDS, Nouv. Arch. Mus., IX, 1873, p. 163. DE MAN, Not. Leyd. Mus., II, 1880, p. 180 DE MAN, ibid., III, 1881, p. 99. MIERS, Alert, 1884, p. 230. DE MAN, Journ. Linn. Soc. Zool., 22, 1888, p. 73.

Hände oben zwischen den Kielen mit zahlreichen Körnern. Innenseite, wie auch der untere Theil der Aussenseite glatt und hierdurch von der typischen *savignyi* abweichend und sich der *admete* nähernd. Bei letzterer fehlen jedoch die Granulationen auch auf dem oberen Theil der Aussenseite.

Dar-es-Salaam, im Hafen, 1 ♂ (ORTMANN coll.).
Verbreitung: Rothes Meer (A. MILNE-EDWARDS); Golf von Suez (MIERS), Djiddah (DE MAN); Mergui-Inseln (DE MAN); Nordwest-Australien (MIERS); Neu-Caledonien (A. MILNE-EDWARDS).

### Thalamita sima MILNE-EDWARDS.
Vgl. ORTMANN, l. c. p. 84.
Thursday Island, 1 ♂ 8 juv. (SEMON coll.).
Verbreitung: Rothes Meer, Ost-Afrika bis Japan und Australien.

### Thalamita intermedia MIERS.
MIERS, Chall. Brach., 1886, p. 196, pl. 16, fig. 1.
Thursday Island, 1 ♂ (SEMON coll.).
Verbreitung: Von dieser Art wurde bisher nur ein einziges Exemplar (♂) bekannt, das vom Challenger in der Torres-Strasse in 8 Fad. Tiefe gedredgt wurde.

### Thalamita prymna (HERBST).
Vgl. ORTMANN, l. c. p. 84.
Amboina, 1 ♂ (SEMON coll.).
Verbreitung: Vom Rothen Meer und Natal bis Japan und Tongatabu.

### Thalamita stimpsoni A. MILNE-EDWARDS.
Vgl. ORTMANN, l. c. p. 85.
Thursday Island, 1 ♂ (SEMON coll.).
Verbreitung: Von Ceylon bis zu den Samoa-Inseln.

### Thalamita crenata (LATREILLE).
Vgl. ORTMANN, l. c. p. 86.
Thursday Island, 1 ♂ 1 ♀ (SEMON coll.).
Kilwa, am Strande, 1 ♂; Dar-es-Salaam, im Hafen, zahlreiche Ex. (ORTMANN coll.).
Verbreitung: Vom Rothen Meer bis Natal, zu den Liu-Kiu- und Fidji-Inseln.

### Familie: Parthenopidae.
### Lambrus pelagicus RÜPPELL.
Vgl. ORTMANN, Zool. Jahrb., VII, 1893, p. 414.
Kilwa, Rhede, 8—10 m, 1 ♂ (ORTMANN coll.).
Verbreitung: Vom Rothen Meer und Zanzibar bis zu den Samoa-Inseln.

Tabelle der Arten der Untergattung: *Aulacolambrus*.
a. Meren der vier hinteren Beinpaare dornig. *L. whitei* A. M.-E.[1])
aa. Meren der vier hinteren Beinpaare nicht dornig.
  b. Cephalothorax hinter den Augen etwas eingeschnürt. Aussenrand der Scheere mit 5 grösseren Dornen.

---

1) *L. carinatus* ADAMS et WHITE, Zool. Voy. Samarang, Crust., 1848, p. 27, pl. 5, fig. 3. *L. whitei* A. MILNE-EDWARDS, Nouv. Arch. Mus. Paris, 8, 1872, p. 200, Anmerk. — Borneo, China.

  c. Zwischen den 5 grossen Dornen des Aussenrandes der Scheere stehen keine weiteren Dornen oder Höcker. Hinterrand des Cephalothorax jederseits mit drei Dornen (der grosse Seitendorn eingerechnet). *L. diacanthus* D. H.[1]).
  cc. Zwischen den 5 grossen Dornen stehen noch kleinere Dornen oder Höcker. Hinterrand des Cephalothorax jederseits mit zwei Dornen.
   d. Dornen des Aussenrandes der Hand und des Hinterrandes des Merus der Scheerenfüsse kräftiger als die übrigen Dornen der Scheerenfüsse. Körper und Scheeren weniger dicht granulirt, Cephalothorax im Verhältniss breiter. *L. pisoides* AD. WH.
   dd. Dornen der Handkanten und des Vorder- und Hinterrandes des Merus nicht auffällig verschieden. Körper und Scheeren dichter granulirt. Cephalothorax im Verhältniss länger.
*L. sculptus* A. M.-E.[2]).
 bb. Cephalothorax hinter den Augen nicht eingeschnürt.
  c. Oberfläche des Cephalothorax mit einer Anzahl grosser, scharfrandiger, oben abgeflachter Warzen besetzt. Aussenrand der Palma mit 6 grossen Dornen. Vordere Unterfläche des Merus und Unterfläche der Palma mit grossen, gerundeten Warzen. *L. lecanora* n. sp.
  cc. Oberfläche des Cephalothorax nicht mit solchen grossen Warzen, sondern ungleichmässig granulirt. Aussenrand der Palma mit 6—8 grossen Dornen. Unterfläche des Merus und der Palma nicht warzig, sondern granulirt oder glatt. *L. hoplonotus* AD. WH.

### *Lambrus (Aulacolambrus) pisoides* ADAMS et WHITE.

*Lambrus pisoides* ADAMS et WHITE, Zool. Voy. Samarang, Crust., 1848, p. 28, pl. 5, fig. 4.
*L. (Aul.) diacanthus* ORTMANN, l. c. p. 415 (non DE HAAN).

 Mein Exemplar stimmt mit der Beschreibung und Abbildung in allen Einzelheiten überein. Das von mir l. c. als *L. diacanthus* angeführte Exemplar gehört ebenfalls hierher. Vielleicht aber sind die drei Arten: *diacanthus*, *pisoides* und *sculptus* zu vereinigen.
  Dar-es-Salaam, im Hafen, 5 m, 1 ♂ (ORTMANN coll.).
  Verbreitung: Philippinen (ADAMS et WHITE); Japan, Kadsiyama (ORTMANN).

### *Lambrus (Aulacolambrus) lecanora* nov. spec. Tafel III, Fig. 5.

 Cephalothorax im Umriss dreiseitig (Länge 23 mm, Breite ca. 32 mm)[3]), hinter den Augen nicht eingeschnürt. Rostrum spatelförmig, mit stumpfer Spitze, wenig vorspringend, schwach abwärts geneigt, seine obere Fläche glatt. Oberfläche des Cephalothorax mit groben Warzen besetzt, die auf der Cardiacal- und den Branchialgegenden gerundet sind. Die Warzen der Gastricalgegend und oberen Hepaticalgegend sind oben abgeflacht und haben scharfe Ränder. Eine zusammenfliessende Gruppe derartiger Warzen steht dicht hinter jeder Orbita. Auch als Unterrand der Orbita ist mit kleinen Warzen, theils oberen abgeflachten Warzen besetzt. Zwischen den grösseren Warzen stehen kleinere und kleinste. Vorderseitenrand mit einer Reihe von sechs Zähnen, deren vorderste warzenförmig sind, während die hinteren allmählich kurz dornförmig werden. Seitendorn stark, schräg nach hinten und aussen gerichtet, seine obere Fläche mit Körnern besetzt. Am Hinterrand des Cephalothorax steht neben dem Seitendorn noch je ein kleinerer Dorn, sonst finden sich dort nur gröbere und feinere Körner. Pterygostomialrinne sehr deutlich.
 Merus der linken ersten Pereiopoden am Hinterrande mit 5 Dornen (ein kleinerer sechster steht noch am proximalen Ende, auf diesen folgt noch eine Warze). Oberer Vorderrand des Merus mit sieben Körnern, die abwechselnd grösser und kleiner sind. Unterer Vorderrand stumpf, wie die vordere Unterfläche mit einer Anzahl grosser, gerundeter Warzen besetzt. Carpus am Aussenrand mit fünf Dornen, der vorletzte am distalen Ende der grösste, Oberseite mit einigen Höckern, innere Kante mit einer Reihe kleiner Warzen. Aussenkante der Hand mit sechs grossen, lang-dreieckigen, abgeflachten Dornen (der vorderste ist abgebrochen), zwischen diesen stehen kleine Höcker, von denen der zwischen dem 3. und 4. Dorn kurz dornförmig wird. Obere Innenkante der Hand mit acht Dornen, die kleiner sind als die des Aussenrandes und von der Basis zur Spitze etwas an Grösse zunehmen. Auf der oberen Fläche der Hand stehen vier grössere und einige kleine Tuberkeln, der vorderste derselben (über der Basis des beweglichen Fingers) zeigt eine ähnlich abgeflachte Fläche wie die vorderen Warzen des Cephalothorax. Unterkante der Hand mit einer Reihe grober, gerundeter Warzen, und ähnliche Warzen finden sich auf der vorderen und hinteren Unterfläche. Beweglicher Scheerenfinger an der Basis mit drei Dornen, einer auf der Aussenkante, zwei auf der Innenkante. Spitzen beider Finger schwarz.

---
 1) DE HAAN, Faun. japon. Crust. dec., 4, 1839, p. 92, pl. 23, fig. 1. — Japan.
 2) A. MILNE-EDWARDS, Nouv. Arch. 8, 1872, p. 258, pl. 14, fig. 3. — Neu-Caledonien.
 3) Da der Seitendorn der rechten Seite abgebrochen ist, lässt sich die Breite nicht genau messen.

Uebrige Pereiopoden mit ungezähntem, glattem Merus. Krallen ziemlich gerade.

Dem vorliegenden Exemplar fehlt der rechte Scheerenfuss und auch die rechte Branchialgegend ist verletzt, da der grosse Seitenstachel abgebrochen ist.

Thursday Island, 1 ♂ (SEMON coll.).

### *Lambrus (Aulacolambrus) hoplonotus* ADAMS et WHITE.

ADAMS et WHITE, Zool. Voy. Samarang Crust., 1848, p. 35, pl. 7, fig. 3. A. MILNE-EDWARDS, Nouv. Arch. Mus., 8, 1872, p. 258. MIERS, Ann. Mag. N. H. (5), IV, 1879, p. 22 u. 24, pl. 6, fig. 6, 7. HASWELL, Catalog. Austral. Crust., 1882, p. 33. MIERS, Rep. Collect. Alert, 1884, p. 201. MIERS, Chall. Brach., 1886, p. 98, pl. 10, fig. 5.

MIERS hat eine Reihe von Formen dieser Art beschrieben, denen ich eine weitere hinzufügen muss:

*var. dentifrons* nov. Tafel III, Fig. 6.

Die Körner der Oberfläche des Cepholothorax stimmen mit der var. *granulata* MIERS (vgl. Chall. pl. 10, fig. 5) völlig überein, und auch sonst hat mein Exemplar mit dieser Varietät grosse Aehnlichkeit. Das Rostrum ist jedoch an der Spitze fünfzähnig, der mittlere Zahn der längste, die seitlichen kornförmig. Auch der obere und untere Rand der Orbita zeigt Körner, von denen besonders zwei nahe der äusseren Ecke fast dornförmig werden. Der Vorderrand des Merus der Scheerenfüsse trägt nicht gerundete Körner, sondern spitze, ungleiche Zähnchen, von denen 3—4 grösser sind. Der Aussenrand der Hand hat acht spitze, lange Dornen, von denen der 2. und 4. kürzer sind. Zwischen diesen Dornen steht je ein spitzer Höcker. Die Basis des beweglichen Fingers trägt oben drei Dornen, einen auf der äusseren, zwei auf der inneren Kante.

Amboina, 1 ♂ (SEMON coll.).

Verbreitung: Die verschiedenen Formen des *L. hoplonotus* wurden an folgenden Localitäten gefunden:

*hoplonotus typicus*: Neu-Caledonien (A. MILNE-EDWARDS); Cap York (MIERS); Torres-Strasse; Darnley Isl. (HASWELL); Cap Grenville (HASWELL); Albany-Passage (HASWELL); Port Molle (HASWELL).

var. *granulosa* MIERS: Philippinen (MIERS); Torres-Strasse (MIERS); Queensland (MIERS).

var. *longioculis* MIERS: Australien: Percy Islands, 21° 50′ S., 150° 20′ O. (MIERS); Neu-Guinea (MIERS).

var. *planifrons* MIERS: Ceylon (MIERS).

var. *curvispinus* MIERS: Java-See (MIERS).

### *Cryptopodia spatulifrons* MIERS.

MIERS, Ann. Mag. N. H. 5, IV, 1879, p. 26, pl. 5, fig. 10. HASWELL, Catal. Austral. Crust., 1882, p. 37. MIERS, Rep. Zool. Coll. Alert, 1884, p. 203.

Thursday Island, 1 ♂ 1 ♀ (SEMON coll.).

Verbreitung: Australien: Port Jackson (HASWELL), Thursday Island und Prince of Wales Channel (MIERS), Shark Bay (MIERS); Borneo (MIERS, var. *laevimana*).

### Familie: Eumedonidae.

### *Gonatonotus pentagonus* WHITE.

WHITE, Proceed. Zool. London, 15, 1847, p. 58. ADAMS et WHITE, Zool. Voy. Samarang Crust., 1848, p. 33, pl. 6, fig. 7. MIERS, Proceed. Zool. Soc. London, 1879, p. 29. HASWELL. Catal. Austral. Crust., 1882, p. 38. MIERS, Alert, 1884, p. 204.

Thursday Island, 1 ♂ (SEMON coll.).

Verbreitung: Borneo (ADAMS et WHITE); Java-See: Billiton Isl. (MIERS); Thursday Isl. (MIERS); Nordostküste Australiens (MIERS): Port Denison (HASWELL).

### Familie: Menippidae.

### *Myomenippe panope* (HERBST).

\*Cancer hardwicki GRAY, Zool. Misc., 1831, p. 40.
*Menippe granulosa* STRAHL, Arch. f. Naturg., 27, 1861, p. 105. A. MILNE-EDWARDS, Annal. Soc. entom. France (4), VII, 1867, p. 275.
*Menippe panope* (HBST.) v. MARTENS, Arch. f. Naturg., 38, 1872, p. 87.
*Myomenippe duplicidens* HILGENDORF, Mon. Ber. Akad. Wiss. Berlin, 1878, p. 796, Anmerk.
*Menippe (Myomenippe) panope* HBST. MIERS, Annal. Mag. N. H. (5), V, 1880, p. 232.

Dar-es-Salaam, im Hafen, 1 ♀; Upanga-Riff, 1 ♂ (ORTMANN coll.).
Verbreitung: Java (MIERS): Batavia (A. MILNE-EDWARDS); Celebes (HILGENDORF); Amboina (MIERS).

### *Pseudozius caystrus* (ADAMS et WHITE).

Vgl. ORTMANN, Zool. Jahrb., VII, 1893, p. 434.

Dar-es-Salaam, Chokirbank, 1 ♀, Ras Rongoni, 2 ♂ 1 ♀ (ORTMANN coll.).
Verbreitung: Mauritius (RICHTERS); Bonin-Inseln (STIMPSON); Wake-Insel (DANA); Samoa-Inseln (ORTMANN); Paumotu-Inseln (DANA).

### *Eurycarcinus natalensis* (KRAUSS).

*Galene natalensis* KRAUSS, Südafrik. Crust., 1843, p. 31, pl. 1, fig. 4. HOFFMANN, Crust. Echinod. Madagascar, 1874, p. 4. KOSSMANN, Zool. Ergebn. Reis. Roth. Meer, I, 1877, p. 37.
*Eurycarcinus grandidieri* A. MILNE-EDWARDS, Annal. Soc. entomol. France 4), VII, 1867, p. 277. A. MILNE-EDWARDS Nouv. Arch. Mus. Paris, IV, 1868, p. 80, pl. 19, fig. 13—16.
*Eurycarcinus natalensis* (KR.) HILGENDORF, Mon. Ber. Akad. Wiss. Berlin, 1878, p. 792. LENZ u. RICHTERS, Beitr. Crustaceenfauu. Madagascar, 1881, p. 2.

Dar-es-Salaam, im Hafen bei Mtoni, 1 ♀ (ORTMANN coll.).
Verbreitung: Natal (KRAUSS); Inhambane (HILGENDORF); Ibo (HILGENDORF); Nossi Faly (HOFFMANN); Nossi Bé (LENZ u. RICHTERS); Zanzibar (A. MILNE-EDWARDS); Rothes Meer (KOSSMANN).

### *Pilumnus vespertilio* (FABRICIUS).

Vgl. ORTMANN, l. c. p. 438.

Die Exemplare vom Upanga-Riff sind bräunlich gefärbt, die längeren Haare gelblich, die von der Chokirbank sind mit grauen Haaren besetzt. Vielleicht ist dies eine Anpassung an den Aufenthaltsort, da auf dem Upanga-Riff die braunen Farbtöne des lebenden Riffes vorherrschen, während auf der Chokirbank hellere Farben auftreten, bedingt durch Korallendetritus und Sandflächen.

Dar-es-Salaam, Chokirbank, 2 ♂ 2 ♀, Upanga-Riff, 1 ♂ 3 ♀ (ORTMANN coll.).
Verbreitung: Rothes Meer bis Mozambique, zu den Liu-Kiu-Inseln, Australien und Samoa.

### *Pilumnus infraciliaris* nov. spec. Tafel III, Fig. 7.

Cephalothorax dicht mit kurzen, fast filzigen Haaren besetzt. Stirnrand zweilappig, vom oberen Augenhöhlenrand nicht durch eine Kerbe getrennt. Aeussere Orbitalecke von einem kleinen, stumpfen Höcker gebildet. Unterer Orbitalrand aus einem dicken, etwas zweilappigen Wulst bestehend. Vorderseitenrand mit drei kräftigen Zähnen, die nicht abgeflacht sind, sondern stumpflich-kegelförmig. Hinter dem letzten steht noch ein ganz kleiner, undeutlicher, accessorischer Höcker. Auf der Pterygostomialgegend stehen zwei stumpfe, aber deutliche Höcker, der eine unter dem Zwischenraum zwischen der äusseren Orbitalecke und dem ersten Seitenrandzahn, der andere unter der Lücke zwischen dem ersten und zweiten Seitenrandzahn. Oberfläche des Cephalothorax gegen den Vorderseitenrand zu hinter dem ersten Seitenrandzahn mit einem Höcker und ferner ebenda und gegen den Supraorbitalrand und Stirnrand mit einigen wenigen Körnern.

Carpus der Scheerenfüsse mit grossen, gerundeten Warzen besetzt, deren Oberfläche fein granulirt und unbehaart ist, die Zwischenräume zwischen den Warzen sind filzig. Hände auf der oberen Aussenfläche mit ebensolchen Warzen, die nach unten kleiner werden und unter dem Filz verschwinden. Bei der grossen Hand ist die untere Hälfte der Aussenfläche nackt und glatt. Die Scheerenfinger sind schwarz, an der kleinen Hand stark, an der grossen schwach gefurcht. Basis des beweglichen Fingers oben granulirt und behaart.

Hintere Beine dicht behaart. Carpus und Propodus oben mit ähnlichen Warzen wie die Scheerenfüsse.

Diese Art steht dem *Pil. calculosus* DANA (U. S. Expl. Exp., 1852, p. 238, pl. 13, fig. 12) von Madeira (?) sehr nahe, unterscheidet sich aber vornehmlich: 1. durch den unteren Orbitalrand, der bei *calculosus* dreizähnig ist, 2. durch die rundlichen, nicht länglichen Warzen der Beine und Scheeren, 3. durch etwas ungleiche Scheeren.

Cap: Port Elisabeth, 3 ♂ 2 ♀ (Mus. Strassburg).

### Familie: Xanthidae.
### *Cymo andreossyi* (SAVIGNY).

Vgl. ORTMANN, Zool. Jahrb., VII, 1893, p. 443.

Dar-es-Salaam, Chokirbank, 1 ♂ (ORTMANN coll.).
Verbreitung: Rothes Meer bis Tahiti. — Von Ost-Afrika bisher noch nicht erwähnt, die nächsten Fundorte sind: Rothes Meer (HELLER); Mergui-Inseln (DE MAN).

### *Xantho exaratus* (MILNE-EDWARDS).
### *var. typica* ORTMANN.

Vgl. ORTMANN, l. c. p. 445.
Kilwa, am Strande, 1 ♂ 1 ♀, Dar-es-Salaam, Ras Rongoni, 2 ♀ (ORTMANN coll.).
Verbreitung: Vom Rothen Meer an der Ostküste Afrikas bis Natal, ferner bis Neu-Caledonien und zu den Sandwich-Inseln.

### *Actaea tomentosa* (MILNE-EDWARDS).

Vgl. ORTMANN, l. c. p. 453.
Dar-es-Salaam, Upanga-Riff und Chokirbank, 5 ♂ 5 ♀ (ORTMANN coll.).
Verbreitung: Rothes Meer bis Mozambique und Tahiti.

### *Actaea rufopunctata* (MILNE-EDWARDS).

Vgl. ORTMANN, l. c. p. 454.
Dar-es-Salaam, Upanga-Riff, 1 ♀, Chokirbank, 1 ♀ (ORTMANN coll.).
Verbreitung: Rothes Meer, Indischer Ocean, Pacifischer Ocean, nördlich bis Japan. Ferner im Atlantic auf der amerikanischen und afrikanischen Seite. — Wurde bisher von Ost-Afrika noch nicht erwähnt, dagegen von den Mascarenen (MILNE-EDWARDS, HOFFMANN) und Seychellen (MIERS).

### *Actaea cavipes* (DANA).

Vgl. ORTMANN, l. c. p. 456.
Die vorliegenden Exemplare stimmen mit der von mir l. c. erwähnten -japanischen Form überein, d. h. die Oberfläche des Cephalothorax ist zwischen den Körnern etwas klein-grubig und der Carpus der Scheerenfüsse zeigt eine besonders grosse, gerundete Grube.
Dar-es-Salaam, Chokirbank, an lebenden Korallen, 1 ♂ 1 ♀ (ORTMANN coll.).
Verbreitung: Neu-Caledonien (A. MILNE-EDWARDS); Fidji-Inseln (DANA); Samoa-Inseln (DANA, ORTMANN); Liu-Kiu-Inseln (ORTMANN); Süd-Japan: Kagoshima (ORTMANN). — Aus dem Indischen Ocean bisher noch unbekannt.

### *Lophozozymus dodone* (HERBST).

Vgl. ORTMANN, l. c. p. 457.
Das vorliegende Exemplar ist typisch.
Cap: Port Elisabeth, 1 ♀ (Mus. Strassburg).
Verbreitung: Ibo (HILGENDORF); Mozambique (MIERS); Mauritius (MILNE-EDWARDS, ADAMS et WHITE); Amboina (DE MAN); Neu-Caledonien (A. MILNE-EDWARDS); Tahiti (HELLER); Fidji-Inseln (ORTMANN).

### *Zozymus aeneus* (LINNÉ).

Vgl. ORTMANN, l. c. p. 458.
Dar-es-Salaam, Upanga-Riff, unter lebenden Korallblöcken, 4 ♂ 1 ♀ (ORTMANN coll.).
Verbreitung: Rothes Meer bis zu den Paumotu-Inseln. — Von Ost-Afrika bisher noch nicht erwähnt, die nächsten Fundorte sind: Rothes Meer (HELLER, MIERS); Mascarenen (HOFFMANN, RICHTERS).

### *Lophactaea cristata* A. MILNE-EDWARDS.

A. MILNE-EDWARDS, Nouv. Arch. Mus. Paris, I, 1865, p. 246, pl. 16, fig. 1. DE MAN, Not. Leyd. Mus., III, 1881, p. 95. DE MAN, Arch. f. Naturg., 53, 1, 1887, p. 246.
Kiel der Hand granulirt, wie es A. MILNE-EDWARDS angiebt, und mit dessen Beschreibung meine Exemplare völlig übereinstimmen. Exemplare von *L. granulosa*, die mir von Neu-Caledonien und den Samoa-Inseln vorliegen, zeigen keine Spur eines Kieles.
Dar-es-Salaam, Chokirbank, 2 ♀ (ORTMANN coll.).
Verbreitung: Rothes Meer: Djiddah (DE MAN); Zanzibar (A. MILNE-EDWARDS); Java: Insel Edam und Noordwachter (DE MAN); Cochinchina (A. MILNE-EDWARDS).

### Atergatis floridus (LINNÉ).

Vgl. ORTMANN, l. c. p. 460.
Amboina, 3 ♂ 1 ♀, Thursday Island, 1 ♂ (SEMON coll.).
Verbreitung: Vom Rothen Meer und den Mascarenen bis Japan und zu den Paumotu-Inseln.

### Phymodius ungulatus (MILNE-EDWARDS).

Vgl. ORTMANN, l. c. p. 464.
Amboina, 1 ♂ juv. (SEMON coll.).
Dar-es-Salaam, 1 ♂ 4 ♀ 1 ♂ juv. (ORTMANN coll.).
Verbreitung: Vom Rothen Meer bis Natal und Tahiti. — Vom Amboina noch nicht erwähnt.

### Chlorodius niger (FORSKAL).

Vgl. ORTMANN, l. c. p. 465.
Dar-es-Salaam, Chokirbank, 2 ♂ 3 ♀ (ORTMANN coll.).
Verbreitung: Rothes Meer und Ost-Afrika bis zu den Paumotu- und Sandwich-Inseln.

### Hypocoelus sculptus (MILNE-EDWARDS).

*Cancer sculptus* MILNE-EDWARDS, Hist. Nat. Crust., I, 1834. p. 376.
*Hypocoelus sculptus* (M.-E.) HELLER, Sitz. Ber. Akad. Wiss. Wien, 43, 1, 1861, p. 322. A. MILNE-EDWARDS, Nouv. Archiv. Mus., I, 1865, p. 295. KOSSMANN, Zool. Ergebn. Reis. Roth. Meer, 1, 1877, p. 29. HILGENDORF, Mon. Ber. Ak. Wiss. Berlin, 1878, p. 788.

Dar-es-Salaam, Upanga-Riff, 1 ♂ (ORTMANN coll.).
Verbreitung: Rothes Meer (MILNE-EDWARDS, HELLER, KOSSMANN); Ibo (HILGENDORF); Madagascar: Nossi Faly (HOFFMANN); Cochinchina und Japan (A. MILNE-EDWARDS).

### Carpilodes tristis DANA.

Vgl. ORTMANN, l. c. p. 467.
Dar-es-Salaam, Chokirbank, 1 ♀. Ras Rongoni, 1 ♂ (ORTMANN coll.).
Verbreitung: Ceylon (MÜLLER); Singapur (ORTMANN); Australien (HASWELL); Neu-Caledonien (A. MILNE-EDWARDS); Paumotu-Inseln (DANA).

### Carpilodes vaillantianus A. MILNE-EDWARDS.

A MILNE-EDWARDS, Nouv. Arch. Mus., I, 1865, p. 231, pl. 11, fig. 3. HASWELL, Catal. Austral. Crust., 1882, p. 57. MIERS, Alert, 1884, p. 529. DE MAN. Arch. f. Naturg., 53, 1, 1887, p. 235.

Nach HELLER (Crust. Novara, 1865, p. 17) ist diese Art mit *Carpilodes rugipes* (HELLER) identisch. Nach A. MILNE-EDWARDS sind beide verschieden. Meine Exemplare stimmen mit *vaillantianus*, nicht mit *rugipes* nach der Fassung bei A. MILNE-EDWARDS.

Amboina, 1 ♂ (SEMON coll.).
Dar-es-Salaam, Chokirbank 1 ♂ 1 ♀ (ORTMANN coll.).
Verbreitung: Rothes Meer (A. MILNE-EDWARDS); Seychellen (MIERS); Mauritius und Bourbon (A. MILNE-EDWARDS); Java: Ins. Edam und Noordwachter (DE MAN); Amboina (DE MAN); Cap Grenville (HASWELL); Samoa-Inseln (A. MILNE-EDWARDS).

### Carpilodes monticulosus A. MILNE-EDWARDS.

A. MILNE-EDWARDS, Nouv. Arch. Mus., 9, 1873, p. 181, pl. 5, fig. 1. DE MAN, Arch. f. Naturg., 53, 1, 1887, p. 233.

Cephalothorax gelblich, Beine und Scheeren roth, Fingerspitzen weisslich, mit der Beschreibung bei A. MILNE-EDWARDS übereinstimmend. Dagegen zeigt die Abbildung (l. c.) das ganze Thier dunkelviolett.

Dar-es-Salaam, Upanga-Riff, 1 ♀ (ORTMANN coll.).
Verbreitung: Neu-Caledonien (A. MILNE-EDWARDS); Amboina (DE MAN).

### Carpilius convexus (FORSKAL).

Vgl. ORTMANN, l. c. p. 469.
Amboina, 4 juv. (SEMON coll.).
Dar-es-Salaam, Chokirbank, 2 ♂ (ORTMANN coll.).
Verbreitung: Rothes Meer und Ost-Afrika bis Tahiti und Sandwich.

***Chlorodopsis melanochirus*** A. MILNE-EDWARDS.

Vgl. ORTMANN, l. c. p. 471.

Amboina, 2 ♂ (SEMON coll.).

Verbreitung: Java (DE MAN); Amboina (DE MAN); Neu-Guinea (ORTMANN); Ost-Australien (HASWELL); Neu-Caledonien (A. MILNE-EDWARDS); Fidji-Ins. (ORTMANN).

### Familie: Oziidae.

***Daira perlata*** (HERBST).

Vgl. ORTMANN, l. c. p. 474.

Amboina, 1 ♀ (SEMON coll.).

Verbreitung: Von Mauritius bis zu den Samoa-Inseln. — Von Amboina noch nicht angegeben.

### Gattung: *Actumnus*.

Uebersicht der bisher bekannten Arten:
  a. Vorderseitenrand in breite Zähne oder Lappen getheilt, nicht granulirt. Cephalothorax oben mit mehr oder weniger deutlich begrenzten Regionen.
    b. Vorderseitenrand mit 4 Zähnen hinter der äusseren Orbitalecke. Oberfläche des Cephalothorax fast kahl. *A. nudus* A. M.-E.[1]).
    bb. Vorderseitenrand mit drei Zähnen. Oberfläche des Cephalothorax filzig.
      c. Scheeren mit dicht gedrängten, schuppenförmigen Tuberkeln besetzt. *A. squamosus* (D. H.)[2]).
      cc. Scheeren mit etwas von einander entfernten Höckern besetzt. *A. setifer* (D. H.).
    bbb. Vorderseitenrand mit zwei Zähnen. Oberfläche des Cephalothorax fein filzig.
*A. globulus* HELLER[3]).
  aa. Vorderseitenrand schwach in Lappen getheilt, gleichmässig granulirt, ohne Dörnchen. Oberfläche des Cephalothorax dicht granulirt, Regionen schwach angedeutet.
*A. obesus* DAN.[4]), *A. miliaris* A. M.-E.[5]).
  aaa. Vorderseitenrand nicht in Lappen getheilt, granulirt oder mit Dörnchen besetzt. Regionen der Oberfläche völlig unbegrenzt.
    b. Vorderseitenrand dornig-granulirt und mit 3—4 grösseren Dörnchen. Oberfläche des Cephalothorax gleichmässig und dicht granulirt, wie die Beine mit langen steifen Haaren besetzt. Stirnlappen von der inneren Orbitalecke durch eine Kerbe getrennt. *A. pulcher* (MIERS).
    bb. Vorderseitenrand mit sechs paarweise stehenden Dörnchen. Cephalothorax nur auf den Anterolateralgegenden mit dornförmigen Körnern. Oberfläche mit kurzen, Beine mit längeren Haaren besetzt. Stirnlappen ohne Kerbe in den oberen Orbitalrand übergehend. *A. elegans* D. M.[6]).

### ***Actumnus setifer*** (DE HAAN).

Vgl. ORTMANN, Zool. Jahrb., VII, 1893, p. 474.

Thursday Island, 1 ♂ 1 ♀ (SEMON coll.).

Verbreitung: Mauritius und Seychellen bis Japan und Tahiti.

### ***Actumnus pulcher*** (MIERS).

*Pilumnus pulcher* MIERS, Rep. Zool. Coll. Alert, 1884, p. 219, pl. 22, fig. A.

Das zweite Glied der äusseren Antennen erreicht den Stirnfortsatz, die Gaumenleiste ist deutlich, reicht bis an den Vorderrand des Mundfeldes, bildet dort aber keine Kerbe, das Abdomen des ♂ ist siebengliedrig: also gehört die Art nicht zu *Pilumnus*, sondern zu *Actumnus*.

Thursday Island, 1 ♂ 1 ♀ (SEMON coll.).

Verbreitung: Torres-Strasse: Warrior Reef, und Queensland: Albany Island (MIERS).

---

1) A MILNE-EDWARDS, Ann. Soc. entomol. France (4) VII, 1867, p. 265. DE MAN, Journ. Linn. Soc. London, Zool., 22, 1888, p. 49, pl. 2, fig. 4, 5. — Pondichery, Mergui-Inseln.
2) Vgl. ORTMANN, Zool. Jahrb., VII, 1893, p. 475. — Japan.
3) HELLER, Sitz. Ber. Ak. Wien, 43, 1861, p. 541, pl. 3, fig. 23. A. MILNE-EDWARDS, Nouv. Arch. Mus., I, 1865, p. 286, pl. 18, fig. 4. — Rothes Meer. Mozambique.
4) DANA, U. S. Expl. Exp. 1852, p. 244, pl. 14, fig. 3. — Sandwich-Inseln.
5) A. MILNE-EDWARDS, Nouv. Arch. I, 1865, p. 288, pl. 18, fig. 7. — Seychellen. Ist wahrscheinlich mit *A. obesus* identisch.
6) DE MAN, Journ. Linn. Soc. Zool., 22, 1888. p. 47. — Mergui-Inseln.

***Ozius rugulosus*** Stimpson.

Vgl. Ortmann, l. c. p. 477.

Dar-es-Salaam, Chokirbank, 1 ♂ (Ortmann coll.)
Verbreitung: Nicobaren bis Tahiti; für Ost-Afrika neu.

***Epixanthus corrosus*** A. Milne-Edwards.

*Epixanthus corrosus* A. Milne-Edwards, Nouv. Arch. Mus., 9, 1873, p. 241, pl. 9, fig. 1. de Man, Arch. f. Naturg., 53, 1887, p. 292. pl. 11, fig. 8. de Man, Zool. Jahrb., IV, 1889, p. 421. de Man, Not. Leyd. Mus., 13, 1891, p. 13.
*Epixanthus rugosus* Kossmann, Zool. Erg. Reis. Roth. Meer, I, 1877, p. 36. Kossmann, Arch. f. Naturg., 44, 1878, p. 253.

Mein Exemplar ist 16 mm breit und 9,5 mm lang. Es steht also genau in der Mitte zwischen den Exemplaren von A. Milne-Edwards und de Man.

Dar-es-Salaam, Ras Rongoni, 1 ♂ (Ortmann coll.).
Verbreitung: Rothes Meer (Kossmann); Madagascar (de Man); Sumatra: Padang (de Man); Java: Insel Noordwachter (de Man); Neu-Caledonien (A. Milne-Edwards).

***Epixanthus dentatus*** (White).

Vgl. Ortmann, l. c. p. 478.

Dar-es-Salaam, im Hafen bei Mtoni, 1 ♀ (Ortmann coll.).
Verbreitung: Mergui-Inseln über die Sunda-Inseln bis zu den Philippinen, Australien und den Fidji-Inseln. — Von Ost-Afrika noch nicht bekannt.

Gattung: ***Cycloblepas*** nov. gen.

Zweites Glied der äusseren Antennen die Stirn erreichend, aber von der Orbita völlig getrennt, da diese letztere völlig kreisförmig durch die Vereinigung des oberen und unteren Randes geschlossen ist. Gaumen mit deutlicher Leiste, die aber nicht ganz bis zum vorderen Rand des Mundfeldes reicht und daselbst auch keine Kerbe bildet.

Cephalothorax etwas gewölbt, verbreitert, Vorderseitenrand gekerbt, länger als der concave Hinterseitenrand. Oberfläche dicht und deutlich gefeldert.

Gehört zur Unterfamilie *Eriphiinae* der *Oziidae* (vgl. Ortmann, l. c. p. 429 und 479). Die zu dieser Unterfamilie gehörigen Gattungen unterscheiden sich folgendermaassen:

a. Gaumenleiste nicht bis zum Vorderrand des Mundfeldes reichend. Cephalothorax quer stark verbreitert, stark gefeldert. Vorderseitenrand gekerbt. *Cycloblepas*.
aa. Gaumenleiste bis zum Vorderrand des Mundfeldes reichend und daselbst eine Kerbe bildend. Cephalothorax weniger stark gefeldert.
  b. Aeussere Antennen von der Orbita nur wenig entfernt. Cephalothorax etwas quer verbreitert. Vorderseitenrand mit Zähnen. *Eurüppellia* Miers.
  bb. Aeussere Antennen von der Orbita weit entfernt. Cephalothorax nicht verbreitert. Vorderseitenrand mit Zähnen oder Dornen. *Eriphia* Latr.

***Cycloblepas semoni*** nov. gen. nov. spec. Tafel III, Fig. 8.

Cephalothorax verhältnissmässig wenig gewölbt, nur gegen die Stirn und die Vorderseitenränder abschüssig, 12 mm lang, 20 mm breit. Stirn leicht gebogen, in der Mitte eingekerbt, die beiden Lappen etwas ausgeschweift. Augenhöhlen völlig kreisrund, oben mit je zwei Fissuren andeutenden Furchen, Ränder sonst ganzrandig. Aeussere Antennen von der Orbita völlig getrennt, ihre freien Glieder fast um ¼ des Orbitadurchmessers von den Orbiten entfernt, ihr zweites Glied fest zwischen dem unteren Orbitalrand, dem Stirnrand und den inneren Antennen eingekeilt.

Oberfläche des Cephalothorax durch tiefe Furchen in zahlreiche Felder getheilt. Vorderseitenrand durch kerbenartige Einschnitte in vier Hauptlappen getheilt, diese Lappen sind aber z. Th. wieder durch schwächere Furchen eingekerbt. Furchen mit dichtem, kurzem Filz besetzt. Die Felder sind auf der Oberfläche dicht granulirt. Hinterseitenrand stark concav.

Erste Pereiopoden gleich gross. Carpus durch unregelmässige Furchen warzig und wulstig, die Warzen und Wülste granulirt. Hand oben ebenso sculptirt, auf der Aussenfläche mit 2—3 Längsreihen von scharfen Körnern. Finger mit Längsreihen von Körnern, schwarz mit stumpflichen Spitzen. Carpus und Hand in den Furchen ebenso wie der Cephalothorax filzig behaart, an den Fingern mit kurzen, steifen Borsten besetzt.

Hintere Pereiopoden kurz und plump, etwas granulirt und kurz und dicht behaart. Auch die Pterygostomialgegenden sind granulirt. Dritter Maxillarfuss mit fast quadratischem Merus. Abdomen des ♂ mit deutlichen Trennungslinien der Glieder, doch sind das 3., 4. und 5. Segment kaum gegen einander beweglich. Sternum und Abdomen ebenfalls etwas granulirt und behaart.

Färbung (in Alkohol) ausser dem schmutzig-braunen Filz weisslich mit unregelmässigen, röthlichen Marmorirungen.

Diese Art ähnelt im äusseren Habitus einigermaassen der *Actaea rufopunctata*, unterscheidet sich aber auf den ersten Blick durch zahlreichere Felder des Cephalothorax, und ferner durch die Gattungsmerkmale.

Amboina, 1 ♂ (SEMON coll.).

### *Eurüppellia annulipes* (A. MILNE-EDWARDS).

Vgl. *Rüppellia annulipes* M.-E., ORTMANN, l. c. p. 479.

Dar-es-Salaam, Ras Rongoni, 3 ♂ 2 +, Ras Upanga, 1 ♀, in altem, mürbem Korallkalk (ORTMANN coll.).

Verbreitung: Seychellen und Amiranten bis Tahiti. — Von der ost-afrikanischen Küste noch nicht erwähnt.

### *Eriphia laevimana* LATREILLE.

Vgl. ORTMANN, l. c. p. 480.

Amboina, 1 ♂ 2 ♀ (SEMON coll.).

Dar-es-Salaam, Upanga-Riff, 1 ♀ (ORTMANN coll.).

Verbreitung: Von Ost-Afrika bis zu den Paumotu-Inseln.

### *Eriphia smithi* MACLEAY.

*E. smithi* MACL. KRAUSS, Südafrik. Crust., 1843, p. 36. HOFFMANN, Crust. Echin. Madagascar, 1874, p. 6, pl. 1, fig. 1.
*E. laevimana* var. *smithi* HILGENDORF, Mon. Ber. Ak. Wiss. Berlin, 1878, p. 797. MIERS, Ann. Mag. N. H. (5) V, 1880, p. 237. DE MAN, Arch. f. Naturg., 53, 1, 1887, p. 327.

Kilwa, Amanabank, viele Ex., Dar-es-Salaam, Ras Ndege, 1 ♀, Ras Chokir, 2 ♂ 3 ♀, Upanga-Riff, 1 ♂ 1 ♀ (ORTMANN coll.). Ich sah diese Form auch auf der Todteninsel bei Zanzibar.

Port Elisabeth, 1 ♂ 2 ♀ (Mus. Strassburg).

Verbreitung: Zanzibar: Ins. Baui (PFEFFER); Mozambique (HILGENDORF, MIERS); Ibo (HILGENDORF); Natal (KRAUSS); Madagascar: Nossi Bé (HOFFMANN); Mauritius (HILGENDORF); Glorioso-Gruppe (MIERS); Singapur (DANA, WALKER); Java: Ins. Edam und Noordwachter (DE MAN); Hongkong (STIMPSON); Neu-Guinea (MIERS).

## Familie: Trapeziidae.

### *Trapezia cymodoce* (HERBST).

#### var. *typica* ORTMANN.

Vgl. ORTMANN, l. c. p. 481.

Amboina, 2 ♂ 5 ♀ (SEMON coll.).

Dar-es-Salaam, Upanga-Riff, 1 ♀, Chokirbank, 4 ♂ 5 ♀, Ras Rongoni, 2 ♂ 2 ♀ (ORTMANN coll.).

Verbreitung: Die typische Form der *Tr. cymodoce* ist vom Rothen Meer bis zu den Liu-Kiu-Inseln, Australien und den Marquesas bekannt. — Von Ost-Afrika wird sie angeführt von Zanzibar (PFEFFER) und vielleicht auch von Ibo (HILGENDORF).

### *Trapezia rufopunctata* (HERBST).

Vgl. ORTMANN, l. c. p. 484.

Meine Exemplare stellen in der Gestalt des Cephalothorax und der Stirnzähne die typische Form dar.

Amboina, 2 ♂ (SEMON coll.).

Dar-es-Salaam, Ras Ndege, 1 ♂ (ORTMANN coll.).

Verbreitung: Bisher nur aus dem Pacifischen Ocean mit Sicherheit bekannt: Java, Philippinen, Neu-Caledonien, Samoa, Tahiti, Marquesas, Sandwich, und bis zur Westküste Mexicos: Socoro-Inseln (A. MILNE-EDWARDS). — MIERS (Alert, 1884, p. 536) giebt eine Reihe von Fundorten aus dem Indischen Ocean an, doch ist es unsicher, ob dieselben zur typischen *rufopunctata* oder zur var. *maculata* gehören.

## Crustaceen.

### *Tetralia glaberrima* (HERBST).

Vgl. ORTMANN, l. c. p. 485.
Dar-es-Salaam, Upanga-Riff, 2 ♂ 2 ♀ (ORTMANN coll.).
Verbreitung: Rothes Meer bis Natal und zu den Paumotu-Inseln.

### Familie: Telphusidae.

### *Paratelphusa tridentata* (MILNE-EDWARDS).

Vgl. ORTMANN, l. c. p. 487.
*P. convexa* DE MAN und *P. maculata* DE MAN möchte ich als Varietäten hiervon auffassen.
Java, Buitenzorg, 3 ♂ 5 ♀ (SEMON coll.).
Verbreitung: Sumatra, Java, Borneo, Timor, Bavian, Solor-Insel.

### *Telphusa (Geotelphusa) kuhli* DE MAN.

Vgl. ORTMANN, l. c. p. 490.
Java, Tjibodas, 1 ♂ 1 ♀ (SEMON coll.).
Verbreitung: Bisher nur von Java bekannt.

### Familie: Grapsidae.

### *Metopograpsus messor* (FORSKAL).

Vgl. ORTMANN, Zool. Jahrb., VII, 1894, p. 701.
Die mir vorliegenden Exemplare bilden den typischen *M. messor*.
Thursday Island, 1 ♂ 2 ♀ (SEMON coll.).
Dar-es-Salaam, im Hafen, 1 ♂ 2 ♀ (ORTMANN coll.).
Verbreitung: Vom Rothen Meer bis Natal, Tahiti und Sandwich.

### *Metopograpsus oceanicus* (JACQUINOT et LUCAS).

Vgl. DE MAN, Arch. f. Naturg., 53, 1, 1887, p. 364 (daselbst die übrige Literatur). — Ferner: HELLER, Novara, 1865, p. 44. DE MAN. Not. Leyd. Mus., 5, 1883, p. 158.
Dar-es-Salaam, im Hafen, 1 ♂ (ORTMANN coll.).
Verbreitung: Nicobaren (HELLER); Java: Pulo Edam und Noordwachter (DE MAN); Gebeh und Amboina (DE MAN); Pulo Han (JACQUINOT et LUCAS).

### *Grapsus grapsus* (LINNÉ).

Vgl. ORTMANN, Zool. Jahrb., VII, 1894, p. 703.
Dar-es-Salaam, Ras Kongoni, 1 ♀ (ORTMANN coll.).
Verbreitung: Im tropischen Indo-Pacifischen und Atlantischen Gebiete, überall. Die Verbreitung ist echt circumtropisch.

### *Grapsus strigosus* (HERBST).

Vgl. ORTMANN, l. c. p. 705.
Dar-es-Salaam, im Hafen, 2 ♂ 6 ♀; Ras Chokir, 6 ♂ 4 ♀ (ORTMANN coll.).
Verbreitung: Vom Rothen Meer und Ost-Afrika über das ganze Indo-Pacifische Gebiet bis Chile.

### *Varuna litterata* (FABRICIUS).

Vgl. ORTMANN, l. c. p. 713.
Dar-es-Salaam, am Eingange des Hafens, an Bimstein, 1 ♀ (ORTMANN coll.).
Verbreitung: Ost-Afrika (Ibo) bis Neu-Caledonien und Neu-Seeland.

### *Heterograpsus erythraeus* (KOSSMANN).

*Pseudograpsus erythraeus* KOSSMANN, Ergebn. Reis. Roth. Meer. 1, 1877, p. 61, pl. 1, fig. 5. KOSSMANN, Arch. f. Naturg., 44, 1878, p. 255.
Ist mit *H. barbimanus* HELLER = *crenulatus* GUÉRIN sehr nahe verwandt: er unterscheidet sich nur durch verhältnissmässig breitere Stirn und völlig glatte Oberseite des Cephalothorax.

Mein Exemplar trägt nur auf der Innenseite der rechten, grösseren Scheere an der Basis der Finger ein Haarbüschel.

Dar-es-Salaam, im Hafen, 1 ♂ (ORTMANN coll.).
Verbreitung: Rothes Meer (KOSSMANN).

### *Sesarma gracilipes* MILNE-EDWARDS.

*Sesarma gracilipes* MILNE-EDWARDS, Annal. Sc. Nat. (3), Zool., 20, 1853, p. 182. JACQUINOT et LUCAS, Voy. Pole Sud etc., Zool. Crust., III, 1853, pl. 6, fig. 5 (*S. impressa* juv. in tabulis). HELLER, Crust. Novara, 1865, p. 65. DE MAN, Not. Leyd. Mus., II, 1880, p. 21. DE MAN, Zool. Jahrb., II, 1887, p. 645 u. 663.
*S. schüttei* HESS, Decap. Krebs. Ost-Austral., 1865, p. 24. pl. 6, fig. 11*.

Das vorliegende Exemplar, ein ♀, zeigt keinen deutlichen Höcker auf der Aussenfläche der Hand, sondern nur eine undeutliche, glatte Anschwellung. Im Uebrigen stimmt es vollkommen.

Neu-Guinea, 1 ♀ (SEMON coll.).

Verbreitung: Madagascar (DE MAN); Nicobaren (HELLER); Amboina (DE MAN); Neu-Guinea (DE MAN); Sydney (HESS); Tonga-Inseln, Vavao (MILNE-EDWARDS, JACQUINOT et LUCAS).

### *Sesarma elongata* A. MILNE-EDWARDS.

A. MILNE-EDWARDS, Nouv. Arch. Mus., V, 1869, p. 30. DE MAN, Zool. Jahrb., II, 1887, p. 645. DE MAN, Not. Leyd. Mus., 14, 1892, p. 256.

In die erste Gruppe bei DE MAN gehörig. Der Oberrand der Palma der Scheeren des ♂ mit einer gezahnten Leiste, die aber genau dem Rande folgt und nicht schräg verläuft wie bei den Arten der dritten Gruppe. Beweglicher Finger oben mit einem fein granulirten Kiel. Meren der hinteren Pereiopoden stark verbreitert. Cephalothorax länger als breit, bei meinem ♂ 25 mm lang, 23 mm breit, beim ♀ 28 mm lang, 25 mm breit: die Breite ist an den äusseren Orbitalecken gemessen.

Dar-es-Salaam, am Hafen, 1 ♂ 1 ♀ (ORTMANN coll.).
Verbreitung: Westküste von Madagascar (A. MILNE-EDWARDS).

### *Sesarma meinerti* DE MAN.

Vgl. ORTMANN, l. c. p. 720.

Das eine ♂ aus dem Upanga-Thal zeigt Spuren eines zweiten Epibranchialzahnes.

Dar-es-Salaam, am Hafen, oberhalb der Fluthgrenze, 2 ♂ 1 ♀, in den Süsswassersümpfen des Upanga-Thales, 2 ♂ (ORTMANN coll.).

Verbreitung: Von Ost-Afrika (Zanzibar bis Natal) bis Neu-Caledonien.

### *Sesarma nodulifera* DE MAN.

*Sesarma (Geosesarma) nodulifera* DE MAN, in: WEBER. Zool. Erg. Reis. Niederl. Ost-Indien, II. 1892, p. 342, pl. 20, fig. 16.

Die Untergattung *Geosesarma* wird sich kaum halten lassen.

Java, Buitenzorg, 1 ♂ (SEMON coll.).

#### var. *conferta* nov.

*Sesarma (Geosesarma) sp.* DE MAN, ibid., p. 345.

Die vorliegenden Exemplare sind sicher mit der von DE MAN nicht näher benannten Form identisch. Auch sämmtliche mir vorliegenden Exemplare sind klein und unterscheiden sich von typischen Exemplaren durch etwas zahlreichere und dichter gedrängte Körnchen auf dem Rücken des beweglichen Scheerenfingers. Ich fasse diese Form als Varietät von *nodulifera* auf.

Java, Tjibodas, 4 ♂ 5 ♀ (SEMON coll.).

Verbreitung: Die typische Form stammt von Buitenzorg (DE MAN). Von dieser finden sich im Mus. Strassburg Exemplare von Java: Tjisurupan, 4000′ Meereshöhe. Die var. *conferta* findet sich in Java bei Tjibanas und Tjibodas (DE MAN).

### *Sesarma erythrodactyla* HESS.

#### var. *africana* nov.

*S. quadrata* HILGENDORF, v. d. Decken's Reisen, III, 1, 1869, p. 90, pl. 3, fig. 3c; pl. 4, fig. 3. HOFFMANN, Crust. Echinod. Madagascar, 1874, p. 23.

Stimmt mit den mir vorliegenden Exemplaren der *S. erythrodactyla* von Sydney und Japan recht gut überein, besonders was die Anzahl der Querwülste auf dem beweglichen Scheerenfinger, und was die Gestalt und Grösse des Cephalothorax und die Gestalt der Beine anbelangt.

Sie unterscheidet sich jedoch durch die schwache Entwickelung der gekörnten Leiste auf der Innenseite der Palma, die nur beim ♂ noch erkennbar, aber da viel weniger ausgebildet ist als bei typischen Exemplaren.

Der Merus der Scheerenfüsse besitzt keinen Dorn am inneren Rande, sondern zeigt dort nur einen gerundeten, gezähnten, schwach vorspringenden Lappen. Bei der typischen *erythrodactyla* findet sich dort ein dreieckiger, gezähnter Lappen. Alle diese Merkmale werden von HILGENDORF ausdrücklich angegeben. Ferner sind die Krallen etwas länger als bei den typischen Exemplaren, fast so lang als der Propodus, Färbung der Hand röthlich, der Finger weisslich, bei *erythrodactyla typ.* umgekehrt. Die von DE MAN (Not. Leyd. Mus., 12, 1890, p. 1001 für *erythrodactyla* angegebene granulirte Linie in der Mitte der Aussenfläche der Hand finde ich ebenfalls bei typischen ♂ Exemplaren von Sydney; bei einem (jüngeren) ♂ von Japan ist sie kaum angedeutet. Den typischen ♀ von Sydney fehlt sie, und bei der afrikanischen Form fehlt sie dem ♂ und dem ♀.

Auf dem Oberrand der Hand findet sich bei den afrikanischen Exemplaren nur eine braune Kammleiste, nahe der Basis des beweglichen Fingers, aber in derselben Richtung laufend, wie bei typischen Exemplaren.

Mikindani, im Sumpf hinter dem Stationsgebäude, 1 ♀. Dar-es-Salaam, am Hafen, 2 ♂ 2 ♀ (ORTMANN coll.).

Verbreitung: Die typische *erythrodactyla* ist bekannt von Sydney (HESS) und Japan (ORTMANN) die var. *africana* wird von Zanzibar (HILGENDORF) angegeben, sowie von Madagascar: Nossi Faly, Nossi Bé und Sakatia (HOFFMANN). — Vielleicht gehört auch das von DE MAN (Zool. Jahrb., IV, 1889, p. 434) von Madagascar erwähnte ♂ zu dieser Varietät.

### *Helice leachi* HESS.

*Helice leachi* HESS, Decap.-Krebse Ost-Austral., 1865, p. 27, DE MAN, Zool. Jahrb., II, 1887, p. 702.
*H. pilimana* A. MILNE-EDWARDS, Nouv. Arch. Mus., 9, 1873, p. 313, pl. 18, fig. 1. KINGSLEY, Proceed. Acad. Nat. Sc. Philadelphia, 1880, p. 220.

Dar-es-Salaam, am Hafen, 1 ♂ (ORTMANN coll.).
Verbreitung: Sydney (HESS); Neu-Caledonien (A. MILNE-EDWARDS).

### *Cyclograpsus punctatus* MILNE-EDWARDS.

Vgl. ORTMANN, l. c. p. 729.

Die vorliegenden Exemplare sind typisch.
Port Elisabeth, 3 ♂ (Mus. Strassburg).
Verbreitung: Süd-Afrika, Tasmanien, Australien. Neu-Seeland. Ferner: Neu-Guinea und Hongkong.

### *Plagusia immaculata* LAMARCK.

Vgl. ORTMANN, l. c. p. 730.

Mikindani, an einer Boje vor dem Eingang zum inneren Hafen, 1 ♂ 1 ♀ (ORTMANN coll.).
Verbreitung: Ost-Indien bis zur Westküste Amerikas. — Neu für Ost-Afrika, die nächsten Fundorte sind: Malabar MILNE-EDWARDS) und Ceylon (MIERS).

### *Leiolophus abbreviatus* (DANA).

Vgl. MIERS, Annal. Mag. N. H. '5., I, 1878, p. 154 (daselbst die ältere Literatur). DE MAN, Arch. f. Naturg., 53, 1887, p. 372. THALLWITZ, Abh. Mus. Dresden, 1891, p. 36.

Amboina, 1 ♂ (SEMON coll.).
Mikindani, mit der vorigen Art, 1 ♂ 2 ♀; Dar-es-Salaam. Upanga-Riff, 2 ♀ (ORTMANN coll.).
Verbreitung: Mauritius (MIERS); Molukken (MIERS: Dj lolo (MIERS), Amboina (DE MAN); Philippinen (MIERS); Guimaras (MIERS); Flores (THALLWITZ); Timor (THALLWITZ); Allor (THALLWITZ); Fidji-Ins. (MIERS); Tahiti (DANA).

## Familie: Gecarcinidae.

### *Cardisoma carnifex* (HERBST).

Vgl. ORTMANN, Zool. Jahrb., VII, 1894, p. 735.

Lindi, oberhalb der Mangroven, 1 ♀. Dar-es-Salaam, oberhalb der Flutgrenze, 1 ♂ 2 ♂ (ORTMANN coll.).
Verbreitung: Von Ost-Afrika bis zu den Paumotu-Inseln.

Familie: **Oeypodldae**.

*Euplax boscii* (AUDOUIN).

*Macrophthalmus boscii* AUD., KRAUSS, Südafrik. Crust., 1843, p. 40. pl. 2. fig. 5.
*Euplax boscii* (AUD.) MILNE-EDWARDS, Annal. Sc. Nat. 3., Zool. 18. 1852. p. 160. A. MILNE-EDWARDS, Nouv. Arch. Mus., 9, 1873, p. 281. DE MAN, Not. Leyd. Mus., II. 1880, p. 71. MIERS, Alert. 1884, p. 540. MIERS, Chall. Brach., 1886, p. 252. DE MAN, Arch. f. Naturg., 53, 1887, p. 357.
*Chaenostoma orientale* STIMPSON, Proceed. Acad. Nat. Sc. Philadelphia. 1858, p. 97.

Dar-es-Salaam, am Aussenstrande, auf felsigem, von todtem Korallkalk gebildetem Grunde, viele Ex. (ORTMANN coll.)

Verbreitung: Rothes Meer (MILNE-EDWARDS); Zanzibar (MILNE-EDWARDS); Mozambique (MIERS); Natal (KRAUSS); Madagascar: Nossi Bé (LENZ und RICHTERS); Java: Insel Noordwachter und Edam (DE MAN); Celebes (DE MAN ; Amboina (DE MAN); Liu-Kiu-Inseln (STIMPSON); Neu-Caledonien (A. MILNE-EDWARDS); Fidji-Ins. (DE MAN, MIERS).

*Macrophthalmus telescopicus* (OWEN).

Vgl. ORTMANN, l. c. p. 744.

Thursday Island, 1 ♂ (SEMON coll.).

Verbreitung: Sandwich-Inseln (RANDALL, MILNE-EDWARDS, DANA, EYDOUX et SOULEYET); Liu-Kiu-Ins. (STIMPSON); Carolinen (ORTMANN); Torres-Strasse (MIERS); Port Denison (HASWELL).

*Macrophthalmus grandidieri* A. MILNE-EDWARDS.

*M. grandidieri* A. MILNE-EDWARDS, Nouv. Arch. Mus., IV. 1868, p. 84. pl. 20. fig. 8—11. LENZ und RICHTERS, Beitr. Krust.-Faun., Madagascar, 1881, p. 3.
*M. brevis* HILGENDORF, v. d. Decken's Reisen. 1869, p. 68, pl. 3, fig. 4. DE MAN, Not. Leyd. Mus., II. 1880, p. 70.
*M. carinimanus* HILGENDORF, Mon. Ber. Akad. Wiss. Berlin, 1878, p. 806.

Mit HILGENDORF'S Art völlig übereinstimmend und ebenso mit *M. grandidieri* bei A. MILNE-EDWARDS. Die Beschreibung des Letzteren ist insofern etwas unklar, als die Zähne an der äusseren Orbitalecke abweichend gedeutet werden: ihre Anordnung ist aber genau dieselbe wie bei HILGENDORF'S Art und für diese Art charakteristisch.

Nach HILGENDORF (1878) ist diese Art verschieden von *M. brevis* HERBST. Nach DE MAN ist sie auch mit *carinimanus* nicht identisch.

Kilwa, am Strande, 1 ♂. Dar-es-Salaam, im Hafen bei Mtoni und am Aussenstrande, viele Ex. (ORTMANN coll.)

Lebt innerhalb der Ebbezone, wo er sich in schlammig-sandigem Grunde Löcher gräbt.

Verbreitung: Rothes Meer (HILGENDORF); Zanzibar (A. MILNE-EDWARDS, HILGENDORF); Mozambique (HILGENDORF); Madagascar: Pasandava-Bai (DE MAN), Nossi Bé LENZ und RICHTERS).

*Dotilla fenestrata* HILGENDORF.

Vgl. ORTMANN. l. c. p. 748.

Kilwa, am Strande, 7 Ex.; Dar-es-Salaam, am sandigen Strande des Hafens, viele Ex. ORTMANN coll..

Verbreitung: Zanzibar PFEFFER); Ibo (HILGENDORF); Mozambique (HILGENDORF, MIERS ; Inhambane (HILGENDRF); Natalbai KRAUSS).

*Myctiris longicarpus* LATREILLE.

Vgl. ORTMANN, l. c. p. 748.

Amboina, 16 ♂ 4 ♀ (SEMON coll.).

„Diese Krabbe wirft zur Ebbezeit den Seesand am Strande in kleine Haufen auf, dass der Strand stellenweise ein Aussehen bekommt, als sei er gepflügt" (SEMON).

Verbreitung: Australien (MILNE-EDWARDS, DANA, STIMPSON, HELLER, HASWELL, MIERS ; Neu-Caledonien (A. MILNE-EDWARDS): Neu-Guinea (MIERS): Timorlaut MIERS); Amboina (DE MAN); Philippinen (MIERS); Liu-Kiu-Ins. STIMPSON); China (STIMPSON, ORTMANN ; Singapur (ORTMANN).

*Gelasimus cultrimanus* WHITE.

Vgl. ORTMANN, l. c. p. 753.

Auch unter diesem Material liegen mir verschiedene Formen der Ausbildung der Zähne am unbeweglichen Scheerenfinger vor, wie sie THALLWITZ geschildert hat. Die in der Tabelle bei DE MAN und von mir angegebenen Merkmale sind aber auch hier constant.

Lindi, unterhalb der Mangroven, 9 ♂ 5 ♀; Kilwa, am Strande, 7 ♂ 1 ♀; Dar-es-Salaam, am Hafen, 1 ♂ (ORTMANN coll.).

Verbreitung: Ost-Afrika bis zu den Liu-Kiu- und Samoa-Inseln.

### Gelasimus urvillei MILNE-EDWARDS.

*G. urvillei* MILNE-EDWARDS, Annal. Sc. Nat. (3), Zool., 18, 1853, p. 148, pl. 3, fig. 10. KINGSLEY, Proceed. Acad. Nat. Sc. Philadelphia, 1880, p. 145. DE MAN, Not. Leyd. Mus., 13, 1891, p. 34.
*G. dussumieri* HILGENDORF, v. d. Decken's Reisen, III, 1, 1869, p. 84, pl. 4, fig. 1. HOFFMANN, Crust. Echinod. Madagascar, 1874, p. 17 (z. Th.) [1]. PFEFFER, Jahrb. Hamburg. wiss. Anstalt, VI, 1889, p. 30.

Meine Exemplare sind identisch mit HILGENDORF'S *dussumieri* und mit *urvillei* nach der Fassung bei DE MAN.

Farben im Leben: Cephalothorax lebhaft blau, grosse Scheere roth oder gelb.

Lindi, in den Mangroven, im schwarzen Schlamme, 1 ♂; Dar-es-Salaam, in der Bucht bei Mtoni, im schwarzen Mangrovenschlamme, 9 ♂ 2 ♀ (ORTMANN coll.).

Verbreitung: Zanzibar (HILGENDORF); Bagamoyo: Kingani (PFEFFER); Madagascar: Nossi Bé (HOFFMANN)[2]; Mergui-Ins. (DE MAN); Vanikoro (MILNE-EDWARDS).

### Gelasimus inversus HOFFMANN.

*G. inversus* HOFFMANN, Crust. Echinod. Madagascar, 1874, p. 19, pl. 4, fig. 23—26. DE MAN, Not. Leyd. Mus., 13, 1891, p. 44, pl. 4, fig. 12.
*G. chlorophthalmus* HILGENDORF, v. d. Decken's Reisen, 1869, p. 85. HILGENDORF, Mon.-Ber. Akad. Wiss. Berlin, 1878, p. 803. KINGSLEY, Proceed. Acad. N. Sc. Philadelphia, 1880, p. 151 (z. Th.).

*Gel. inversus* ist eine gut charakterisirte Art.

Lindi, oberhalb der Mangroven, 1 ♂; Dar-es-Salaam, in der Bucht am alten Sultanspalast, 1 ♂; ferner wurden mir 3 ♂ 1 ♀ mit *Penaeus*-Arten, *Leander longicarpus, Caridina wycki* etc. gebracht, wohl von der Upanga-Mündung.

Verbreitung: Mozambique (HILGENDORF)[3]; Madagascar: Nossi Faly (HOFFMANN). — Weitere Daten sind nicht bekannt, da die übrigen Angaben (bei KINGSLEY) sich nicht mit Sicherheit auf diese Art beziehen lassen.

### Gelasimus annulipes MILNE-EDWARDS.

Vgl. ORTMANN, l. c. p. 758.

Farbe im Leben grau, mit dunkleren Flecken, grosse Scheere weisslich oder röthlich.

Zanzibar, in der Lagune hinter der Stadt, 3 ♂; Lindi, oberhalb der Mangroven, im Sande, 4 ♂; Kilwa, am Strande in den Mangroven, an sandigen Stellen, viele ♂ und ♀; Dar-es-Salaam, an der evangelischen Mission, zwischen Sand und Steinen, 12 ♂ 4 ♀; in der Bucht am alten Sultanspalast, im Sande, 9 ♂ 9 ♀ ORTMANN coll.).

Verbreitung: Vom Rothen Meer und Ost-Afrika über das Indo-Pacifische Gebiet bis Tahiti und Samoa.

### Ocypode kuhlii DE HAAN.

DE HAAN, Faun. Japon., 1850, p. 58. DE MAN, Not. Leyd. Mus., III, 1881, p. 250. MIERS, Ann. Mag. N. H. (5), X, 1882, p. 384, pl. 17, fig. 8, 8a. MIERS, Alert, 1884, p. 237. PFEFFER, Jahrb. Hamburg. wiss. Anstalt, 1889, p. 30. DE MAN, Not. Leyd. Mus., 15, 1893, p. 286.

Steht am nächsten der *O. pygoides* ORTMANN. Stimmleiste vorhanden, nur aus Körnern gebildet, bei meinen Exemplaren aus 8—13 Körnern bestehend (DE MAN giebt 8—10, MIERS deren 17 an). Unterer Orbitalrand mit äusserer und mittlerer Einkerbung, beide jedoch nicht so tief wie bei *pygoides*. Von letzterer unterscheidet sie sich wesentlich durch das Fehlen der Haarbürsten auf den 2. und 3. Pereiopoden.

Songa-Songa-Insel (bei Kilwa), 3 ♂ 3 ♀; Kilwa, am Strande, 2 ♂; Dar-es-Salaam, am Aussenstrand, 1 ♂ 3 ♀ (ORTMANN coll.).

Port Elisabeth, 5 ♂ 2 ♀, alle klein oder mittelgross (Mus. Strassburg).

---

1) Die von HOFFMANN erwähnten Exemplare gehören z. Th. auch zum echten *G. dussumieri*, vgl. DE MAN, l. c. p. 26.
2) Nossi Faly bei DE MAN wohl per errorem, da es dieselben Exemplare sind, die HOFFMANN vorlagen.
3) HILGENDORF giebt nirgends „Zanzibar" an, wie KINGSLEY behauptet.

**Verbreitung:** Zanzibar: Ins. Changu und Baui (PFEFFER ; Madagascar (MIERS ; West-Australien: Shark Bay (MIERS); Java (DE MAN); Japan (MIERS); Torres-Strasse; Thursday Island (MIERS); Neue Hebriden (MIERS); Sandwich-Inseln (MIERS).

#### *Ocypode ceratophthalma* (PALLAS).

Vgl. ORTMANN, l. c. p. 767.

Thursday Island, 1 ♂ juv. (SEMON coll.).
Songa-Songa-Insel, 1 ♀ ad. (mit Augenhörnern); Kilwa, am Strande, 2 ♂ juv. (mit kaum angedeuteten Augenhörnern); Dar-es-Salaam, Strand am Eingange des Hafens, viele Ex. (nur die erwachsenen mit gut ausgebildeten Hörnern) (ORTMANN coll.).
Port Elisabeth, 1 ♀ juv. (Mus. Strassburg).
**Verbreitung:** Vom Rothen Meer bis Natal und zu den Sandwich-Inseln.

## Stomatopoda.

### *Lysiosquilla maculata* (FABRICIUS).

Vgl. MIERS, Ann. Mag. Nat. Hist. (5) V. 1880, p. 5. pl. 1, fig. 1, 2.

Amboina, 1 ♀ (SEMON coll.).
**Verbreitung:** Indo-Pacifisches Gebiet, Mascarenen bis Sandwich und Samoa.

### *Pseudosquilla ornata* MIERS.

Vgl. MIERS, ibid. p. 111, pl. 3, fig. 5—6.

Amboina, 1 ♂ (SEMON coll.).
**Verbreitung:** Philippinen (MIERS); Amboina (DE MAN); Süd-Japan: Kagoshima (Mus. Strassburg); Samoa-Inseln (Mus. Strassburg).

### *Gonodactylus scyllarus* (LINNÉ).

Vgl. MIERS, ibid. p. 115.

Amboina, 1 ♂ (SEMON coll.).
**Verbreitung:** Indo-Pacifisches Gebiet von Zanzibar und Madagascar bis Samoa.

### *Gonodactylus chiragra* (FABRICIUS).

Vgl. MIERS, l. c. p. 118. BROOKS, Challeng. Stomatop.. 1886, p. 56, pl. 15, fig. 4.

Amboina, 4 ♂ 6 ♀ (SEMON coll.).
Dar-es-Salaam, in Korallkalk, 3 ♀ 1 juv. (ORTMANN coll.).
**Verbreitung:** Ueberall im Indo-Pacifischen Gebiete. — Die atlantische Form, die hierher gehören soll, ist, wie mir Herr Dr. HANSEN in Kopenhagen mittheilte, hiervon verschieden.

### *Gonodactylus glaber* (BROOKS)[1]).

G. glabrous BROOKS, Chall. Stomatop., 1886, p. 62, pl. 14, fig. 5; pl. 15, fig. 7, 9.

Dar-es-Salaam, Upanga-Riff, 1 ♀, Chokirbank, 2 juv. ORTMANN coll..
**Verbreitung:** Häufig vom Rothen Meer bis Nord-Australien (HANSEN).

### *Gonodactylus graphurus* WHITE[1]).

Vgl. MIERS, Ann. Mag. (5) V, 1880, p. 120, pl. 3, fig. 9.

MIERS hat, wie mir HANSEN mittheilt, diese Art nicht klar erkannt.
Thursday Island, 1 ♂ 1 ♀ (SEMON coll.).
**Verbreitung:** Australien (HANSEN).

---

1) Die Bestimmung der beiden Arten *G. glaber* und *graphurus* wurde mir ermöglicht durch die Angaben, die mir Herr Dr. HANSEN in Kopenhagen, der eine Revision der Stomatopoden vorbereitet, auf meine Anfrage bereitwilligst übersandte. Ich nehme hier die Gelegenheit wahr, Herrn Dr. HANSEN für seine liebenswürdige Unterstützung öffentlich meinen Dank auszusprechen. Auch die Angaben über die Verbreitung dieser beiden Arten verdanke ich seinen Mittheilungen.

### *Gonodactylus* nov. spec.

Diese Art wird von Herrn Dr. HANSEN beschrieben werden.
Dar-es-Salaam, Upanga-Riff und Chokirbank, 4 ♂ 4 ♀ (ORTMANN coll.).

### *Gonodactylus trispinosus* WHITE.
#### var. *pulchella* MIERS.

*G. trispinosus pulchellus* MIERS, l. c. p. 122.
*Protosquilla trispinosa* (WH. BROOKS. l. c. p. 71.
   Mittlerer Dorn der Rostralplatte gut entwickelt, wie beim Typus. Das Exemplar, das MIERS von dieser var. vorlag, zeigte diesen Dorn abgebrochen.
   Dar-es-Salaam, Upanga-Riff, 1 ♀ (ORTMANN coll.).
   Verbreitung: *typ.*: West-Australien: Swan River und Shark Bay (MIERS); Mauritius (HOFFMANN); Amboina (MIERS); Auckland (HELLER); Fidji-Inseln (DANA); — var. *pulchella*: Ceylon (MIERS).

### *Gonodactylus stoliurus* (MÜLLER).

*Protosquilla stoliura* MÜLLER, Verh. Naturf. Gesellsch. Basel. Bd. 8. Heft 2, 1887. p. 477. pl. 4, fig. 2. DE MAN, Arch. f. Naturg., 53. 1. 1887. p. 576.
   Amboina, 2 ♂ (SEMON coll.).
   Verbreitung: Bisher nur von Amboina bekannt.

## Cirripedia.

### Familie: Lepadidae.

#### *Lepas anatifera* LINNÉ.

Vgl. DARWIN, Monogr. Cirripedia, I. 1851. p. 73. pl. 1, fig. 1. HOEK, Challeng. Cirriped. 1883, p. 38. pl. 1. fig. 2.
   Amboina, 2 Ex., mit der folgenden Art (SEMON coll.).
   Mikindani, an der Boje, viele Ex., Dar-es-Salaam, an schwimmendem Holz, viele junge Ex. (ORTMANN coll.).
   Verbreitung: An schwimmenden Gegenständen, kosmopolitisch.

#### *Lepas anserifera* LINNÉ.

Vgl. DARWIN. l. c. p. 81. pl. 1. fig. 4. HOEK. l. c. p. 39.
   Amboina, viele Ex.[1], S.W.Celebes, Palostai, an Holz, viele Ex. SEMON coll..
   Verbreitung: Kosmopolitisch.

### Familie: Balanidae.

#### *Balanus tintinnabulum* LINNÉ).
#### var. *occator* DARWIN.

Vgl. DARWIN, Monogr. Cirriped., II, 1854. p. 196, pl. 1. fig. k; pl. 2, fig. 1 b.
   Mikindani, an der Boje, viele Ex. (ORTMANN coll.).
   Verbreitung: *B. tintinnabulum* ist kosmopolitisch mit Ausnahme der kälteren Meere, die var. *occator* giebt DARWIN aus der Südsee an.

#### *Tetraclita porosa* (LINNÉ).

Vgl. DARWIN. l. c. p. 329. pl. 10. fig. 1.
   Amboina, viele Ex. SEMON coll.\.
   Mikindani, an der Boje, viele, meist junge Ex.; Dar-es-Salaam, Chokirbank, an altem Korallkalk in der Ebbezone, viele Ex. (ORTMANN coll.).
   Verbreitung: Circumtropisch.

---

[1] Eine Anzahl auf und in *Spirula*-Schalen.

Crustaceen.

*Tetradita coerulescens* (SPENGLER).

Vgl. DARWIN, l. c. p. 342, pl. 11, fig. 4. HOEK, Chall. Cirrip., 1883. p. 161, pl. 13. fig. 34.
Thursday Island, viele Exemplare (SEMON coll.).
Verbreitung: Pacific, Philippinen (DARWIN), Samboangan (HOCK).

*Pyrgoma cancellatum* LEACH.

Vgl. DARWIN, l. c. p. 362, pl. 12. fig. 5.
Thursday Island, mehrere Exemplare, eingewachsen in eine Steinkoralle, *Turbinaria crater* (SEMON coll.).
Verbreitung: Ost-Indien (bei DARWIN, l. c. p. 363 per errorem West-Indien).

*Pyrgoma milleporae* DARWIN.

Vgl. DARWIN, l. c. p. 367, pl. 13, fig. 2.
Dar-es-Salaam, Upanga-Riff, viele Exemplare. eingewachsen in *Millepora platyphylla var. verrucosa* (ORTMANN coll.).
Verbreitung: Philippinen (DARWIN).

# Pycnogonida.

*Phoxichilus meridionalis* BÖHM.

BÖHM, Mon. Ber. Akad. Wiss. Berlin, 1879, p. 189. pl. 2, fig. 4.
Meine Exemplare weichen von der Beschreibung und Abbildung bei BÖHM nur dadurch ab, dass der Körper keine „perlartigen Wärzchen" zeigt, und dass die kräftigen Stacheln in der Mitte der 4. Glieder der Beine, die BÖHM fig. 4b zeichnet, fehlen.
Mikindani, an der Boje, zahlreiche Exemplare (ORTMANN coll.).
Verbreitung: Singapur und Tur am Sinai (BÖHM).

# Biologische und bionomische Beobachtungen.

### Gattung: *Penaeus*.

Die Arten dieser Gattung leben rein nectonisch, scheinen echt marin und litoral zu sein, dringen aber häufig in Aestuarien ein. Die Exemplare, die ich selbst sammelte, stammen alle aus reinem Salzwasser. Interessant ist es, dass ich zusammen mit *P. monoceras* und *indicus* einige Süsswasserformen (*Caridina weycki* und *Palaemon*-Arten) und Strand- Brackwasser-Formen (*Gelasimus*) erhielt neben anderen Salzwasserformen, wie *Leander longicarpus*). Die Localität, von der diese alle stammen, wird wohl die Mündung des Upanga-Flusses sein, etwas nördlich von Dar-es-Salaam, wo Süsswasser und Salzwasser zusammentreffen, etwa in ähnlicher Weise, wie in der Bucht bei Mtoni. An letzterer Stelle sah ich in 1—2 m tiefem, reinem Salzwasser zahlreiche Penaeen schwimmen, von denen ich einen (*P. monodon*) erbeutete. Ganz dicht dabei findet sich Brackwasser und Süsswasser, in den Mangrovesümpfen.

### Familie: Atyidae.

Sind durchweg, wie schon längst bekannt, echte Süsswasserformen.

### Familie: Alpheidae.

Besteht im Wesentlichen aus Korallriffbewohnern. In dem fein verzweigten Astwerk lebender Korallen fand ich: *Alpheus macrochirus*, *A. laevis*, *A. gracilipes*. Andere Arten, wie auch *macrochirus* und *laevis* fand ich in todtem, porösem Korallkalk. *A. edwardsi* wie auch der vielleicht als ♂ zu *edwardsi* gehörige *A. lobidens* kommen auch auf anderen Facies vor vgl. oben). Mit den Scheerenfingern verursachen die Arten der Gattung einen knipsenden Laut. *Athanas dimorphus* fand ich in todtem Korallkalk.

*Saron marmoratus* lebt zwischen lebenden und todten Korallen, in grösseren Löchern und Höhlungen.
*Pontonia pinnae* schmarotzt im Innern einer *Pinna*-Art.
*Coralliocaris* und *Anchistia* leben zwischen todten Korallen.
*Leander longicarpus* ist eine nectonische Form: ich fand sie auf felsigem Grunde in grösseren Wasserlöchern schwimmend.

Die Arten der Gattung *Palaemon* sind, wie längst bekannt, Süsswasserformen, finden sich jedoch bisweilen in Brackwasser und selbst in reinem Salzwasser[1].

Die Gattung *Stenopus* lebt nach BROOKS und HERRICK (Mem. Nat. Acad. Sc., V, 4, 1892) nectonisch auf und in der Nähe von Korallriffen.

*Thalassina anomala* lebt nach MIERS (vergl. oben) in Mangrovesümpfen, nach GRÄFFE[2] hält sie sich im Schlamme grosser Brackwassersümpfe auf.

---

1) Vgl. ORTMANN. Zool. Jahrb., V 1891. p. 744.  ORTMANN. Decap. u. Schizopod. d. Plankton-Exp., 1893. p. 48.
2) GRÄFFE, Notizen über die Fauna der Viti-Inseln. — Verh. Zool. bot. Gesellsch. Wien. 16, 1866. p. 587. — Vgl. auch STUDER, Gazelle, III, 1889. p. 193.

Familie: **Porcellanidae.**

Alle von mir gesammelten Porcellaniden sind Riffbewohner und halten sich in den Löchern und Höhlungen besonders des todten Korallkalkes auf: man erhält sie gewöhnlich beim Zerschlagen des letzteren. Sie scheinen aber nicht an die Korallfacies selbst gebunden zu sein, sondern an einen felsigen, höhlenreichen Untergrund.

Die Arten der Gattung *Pagurus* leben auf Korallriffen, scheinen aber nicht an die Korallfacies sich zu binden, sondern an die Tang- und Seegraswiesen, die sich dort finden.

Die *Clibanarius-* und *Calcinus-*Arten kommen auf verschiedenen Facies vor. *Calcinus herbsti* ist für felsigen Strand charakteristisch.

Familie: **Coenobitidae.**

Die *Coenobitidae* sind echte Landkrebse, von der Gattung *Birgus* und auch von *Coenobita* ist das längst bekannt[1]). So viele Exemplare der letzteren Gattung ich erbeutete, so habe ich doch niemals eines im Wasser gesehen, und ich bezweifle überhaupt, dass sie je auf längere Zeit das Wasser aufsuchen. Man findet sie häufig am Strande, wo sie ihre Nahrung zur Ebbezeit unter den zurückbleibenden organischen Stoffen suchen. Bemerkenswerth war es mir, dass ich nur zur Regenzeit (Ende December und Anfang Januar) Coenobiten umherlaufen sah. Zur trockenen Jahreszeit vermisste ich sie; es wurden mir jedoch zahlreiche Exemplare von Negern gebracht, die sie, nach ihrer Aussage, unter todtem Laube unter Mangobäumen hervorgesucht hatten. Diese Angabe schien mir anfangs etwas zweifelhaft, bis ich selbst eine Anzahl derselben fand, und zwar unter einem grossen Stein am Fusse eines Mangobaumes in Gesellschaft von Iuliden und Scorpionen[2]). Es wird mir dadurch wahrscheinlich, dass sie die trockene Jahreszeit, in derartigen Schlupfwinkeln ruhend, überdauern.

Die beiden Formen von *Dromiidae*, die ich erbeutete, kriechen langsam und träge zwischen Seegras und Tang auf den Riffen herum. Da sie ihren Rücken mit Schwämmen u. dergl. bedecken, sind sie schwer aufzufinden. Sie scheinen an das Vorkommen von Tang- und Seegraswiesen gebunden zu sein.

*Calappa hepatica* und *Matuta victrix* kommen bei Dar-es-Saiaam unter denselben Bedingungen vor. Beide halten sich im Hafen auf sandigem Grunde in der Nähe des Strandes auf, wo sie sich durch ihr lebhaftes und rasches Hin- und Herschwimmen bald bemerkbar machen. Während die Bewegung der *Calappa* mehr ein seitliches Gleiten ist, indem die Füsse eben noch den Sandboden berühren, arbeitet sich *Matuta* durch kräftige Schwimmbewegungen der beiden hinteren Beine weiter, indem sie jedoch ebenfalls stets dicht über den Sandgrund hinhuscht. Bei drohender Gefahr graben sich beide mit grosser Schnelligkeit in den Sand ein, aus dem sie dann nur die Augen herausstrecken. Gefangen lässt *Matuta* durch abwechselndes Reiben der Scheeren an der Pterygostomialgegend ein schnarrendes Geräusch ertönen. Ausserhalb des Wassers sterben beide ziemlich schnell ab. Für die indo-pacifische Region sind sie äusserst charakteristische Formen.

---

[1]) Vgl. u. a. z. B. BROCK, Zool. Jahrb., II, 1887, p. 979. — In der „Bionomie des Meeres", p. 95 und 174, scheint es WALTHER unbekannt zu sein, dass es unter den „Bernhardkrebsen" echte Landkrebse giebt, während er in der „Lebensweise der Seethiere", p. 526 u. 527 von „Landanomuren" spricht und auch die Gattung *Coenobita* als am Strande des Rothen Meeres lebend erwähnt. Die Stelle p. 174 in der „Bionomie" ist noch besonders deshalb interessant, weil dort eine ganz eigenthümliche Charakterisirung des marinen Lebensbezirkes der „oceanischen Archipele" gegeben wird. Um diesen l. c. p. 15 aufgestellten Lebensbezirk von anderen zu unterscheiden, führt WALTHER besonders p. 173 u. 174 eine Reihe von Eigenthümlichkeiten auf: alle sind aber Erscheinungen, die sich an jeder beliebigen Continentalküste gleicher Weise und oft besser beobachten lassen. Um dann zu belegen, „dass gerade auf Inseln litorale Thiere leicht festländische Lebensweise annehmen", führt er drei Beispiele an. Erstens die Bernhardkrebse auf Neu-Hannover, die auf dem Lande herumlaufen. Ausser an der citirten Stelle wird diese Thatsache in Gazelle, III, p. 540 erwähnt, wo die Gattung *Coenobita* genannt wird, die nicht nur auf Inseln, sondern auch an festländischen Küsten auf dem Lande lebt. Was die beiden weiteren Beispiele für den obigen Satz beweisen sollen, ist mir völlig unklar geblieben: wie kann das Laichen der Fische im Kratersee von St. Paul (vgl. Gazelle, I. p. 131, und III. p. 177) und das Vorkommen von Krebsen daselbst (nicht das „Laichen" derselben, l. c. ist *Insus lalandei* gemeint) genannte Thiere veranlassen aufs Land zu gehen? Schliesslich was die Meeresschildkröten betrifft, so besuchen diese Inseln und continentale Küsten (z. B. Portugal, Afrika, Brasilien zur Eiablage, es fällt ihnen aber gar nicht ein, sich deshalb an festländische Lebensweise zu gewöhnen. Auch dürfte die Annahme einer eventuellen Ableitung der Landschildkröten von Seeschildkröten nicht den phylogenetischen Thatsachen entsprechen.

[2]) Vgl. KENNEL, Arb. Zool. Instit. Würzburg, VI. 1883, p. 267.

Die meisten der von mir erbeuteten *Majoidea*, *Huenia grandidieri*, *Menaethius monoceros*, *Acanthonyx quadridentatus*, *Pseudomicippe nodosa*, *Micippe philyra*, *Tylocarcinus styx*, sind Bewohner von Korallriffen, scheinen aber nicht an Korallen, sondern an die dortigen Tang- und Seegraswiesen gebunden zu sein. Sie leben dort in gleicher Weise wie die *Dromiiden*, und ihre Bewegungen sind äusserst träge. Ihr Rücken ist stets mit kleinen Algen und anderen Seegewächsen besetzt, so dass sie leicht übersehen werden. Auch ihre Färbung ist durchweg ihrem Aufenthalt angepasst, meist im Leben ein trübes Grün. Bei Kilwa schleppte ich in 8—10 m Tiefe auf sandig-schlammigem Grunde, auf dem ebenfalls Seegras vorhanden war: *Huenia grandidieri*, *Stenorhynchus brevis*, *Paratymolus pubescens*, *Hyasthenus brevicornis*. *Huenia proteus* lebt bei Tokio zwischen Algen[1]. Die genannten Formen werden demnach wohl alle, nebst vielen Verwandten, die Seegras- und Algen-Facies bevorzugen.

Den grössten Theil der Schwimmkrabben, *Portunidae* und *Thalamitidae*, erlangte ich im Hafen von Dar-es-Salaam, und zwar leben die kleineren Formen: *Neptunus granulatus*, *Goniosoma affine* und *danae*, *Thalamita savignyi*, wie die jungen Exemplare von *Neptunus sanguinolentus* an eben den Stellen, wie *Calappa* und *Matuta*, d. h. dicht am Strande in ganz flachem Wasser, wo sie in derselben Weise dicht über dem Sandgrund hinschwimmen und sich in demselben verbergen. Die grösseren Formen, *Neptunus sanguinolentus* ad., *Scylla serrata*, ziehen etwas tieferes Wasser vor. *Thalamita crenata* ist eine der häufigsten Formen und hält sich an Orten auf, die ihr gute Verstecke bieten, wo z. B. Baumstämme oder einzelne grössere Steine im Wasser liegen. Beunruhigt, setzt sie sich muthig zur Wehre, indem sie möglichst ihren Rücken zu decken sucht und nach vorgehaltenen Stöcken etc. mit beiden Scheeren kräftig kneipend zuschlägt.

Die Formen der *Xanthini*, Familie: *Menippidae*, *Xanthidae*, *Oziidae*, *Trapeziidae*, erreichen ihren grössten Formenreichthum in den tropischen Meeren, wo sich besonders auf den Korallenriffen zahlreiche Vertreter von ihnen finden. Nur wenige Stücke habe ich an anderen Localitäten erbeutet: ein Exemplar von *Myomenippe panope*, *Eurycarcinus natalensis*, *Epixanthus dentatus*, und zwar fanden sich diese am äussersten Ende der südlichen Bucht des Hafens von Dar-es-Salaam auf sandig-schlammigem Grunde. Die auf Korallenriffen lebenden Formen zeigen zunächst eine Anzahl solcher, die lebende Korallen bewohnen, wo sie sich in dem Geflecht reichverzweigter Formen (*Pocillopora*, *Psammocora*, *Lophoseris* u. a.) aufhalten. Als solche sind zu nennen: *Cymo andreossyi*, *Actaea cavipes*, *Phymodius ungulatus*, *Chlorodius niger*, und besonders *Trapezia cymodoce*, *rufopunctata* und *Tetralia glaberrima*. Die drei letzteren sind ganz besonders als Bewohner der lebenden Korallstöcke aufzuführen, und die übrigen *Trapeziidae* werden sich ihnen anschliessen. In Löchern und Höhlungen an der Basis lebender Korallen, sowie auch im todten Korallkalk kommen vor: *Myomenippe panope* (auch auf anderer Facies), *Pseudozius caystrus*, *Pilumnus vespertilio*, *Xantho exaratus* (auch am felsigen Strand bei Kilwa), *Actaea tomentosa*, *Actaea rufopunctata* (diese Art wird in der Wahl der Facies wenig sich beschränken, da sie eine weite Verbreitung besitzt), *Zozymus aeneus*, *Lophactaea cristata*, *Hypocoelus sculptus*, die *Carpilodes*-Arten, *Carpilius convexus*, *Ozius rugulosus*, *Epixanthus corrosus*. Viele dieser Arten mögen nicht die Korallen, sondern überhaupt felsigen, höhlenreichen Grund bevorzugen. *Euruppellia annulipes*, *Eriphia laevimana* und *smithi* fehlen fast ganz auf dem lebenden Riff, finden sich dagegen auf dem dicht am Strande liegenden abgestorbenem Korallkalk. Besonders *Eriphia smithi* ist an solchen Stellen des Strandes, wo sich todter Korallkalk findet, in den Löchern der letzteren äusserst gemein. Zur Ebbezeit findet man sie oft ausserhalb des Wassers. Nach Art der *Thalamita crenata* setzt sie sich bei Angriffen zur Wehre, indem sie mit beiden Scheeren gleichzeitig kräftig zuschlägt. Auffallend ist es, dass ich bei der Häufigkeit von *E. smithi* nur ein Exemplar von *E. laevimana* erbeutete.

Ueber das Vorkommen der einzelnen *Grapsidae* kann ich folgende Angaben machen. Die beiden *Metopograpsus*-Arten und den *Heterograpsus erythraeus* erbeutete ich im Hafen von Dar-es-Salaam, wo sie an dem Holzwerk der Landungsbrücken sich aufhalten. *Grapsus grapsus* ist ganz charakteristisch für die steilen, von der Brandung bespritzten Uferfelsen, wo er mit unglaublicher Gewandtheit und Schnelligkeit herumklettert. Ich sah ihn fast überall an derartigen Localitäten, konnte ihn aber nur schwer erbeuten. In Bezug auf Färbung und Lebhaftigkeit der Bewegungen gehört er zu den schönsten Krebsen. *Grapsus*

---

[1] Vgl. ORTMANN, Zool. Jahrb., VII, 1893, p. 40.

*strigosus* hält sich an ähnlichen Orten, besonders in und an den Strudellöchern am Ras Chokir auf, doch fand ich ihn auch im Hafen an Holzwerk. Seine Färbung ist in der Hauptsache trüb-grün. *Varuna litterata*, *Plagusia immaculata* und *Leiolophus abbreviatus* scheinen, nach dem, was über sie bekannt wurde, in gewisser Beziehung pelagische Formen zu sein, die sich an schwimmenden Gegenständen aufhalten [1]).

Die Arten der Gattung *Sesarma* und *Helice* sind keine marinen Krebse. Ihr Aufenthaltsort scheint an Süsswasser gebunden zu sein. Die am Hafen von Dar-es-Salaam erbeuteten Exemplare halten sich dort am Fusse des steilen Uferabhanges auf, der überall kleine Süsswasserquellen aufweist, und wo sie sich oberhalb der Fluthgrenze ihre Löcher graben. Ich sah sie niemals im Seewasser selbst. Dagegen laufen sie vielfach auf dem Lande umher. *Ses. meinerti* kommt selbst weit von der See entfernt vor, z. B. im Upanga-Thal, zwei Kilometer von der Mündung des Flusses entfernt, in den (auch zur trockenen Jahreszeit) völlig von Süsswasser gebildeten Sümpfen. Sie gräbt sich ebenfalls tiefe Löcher und läuft, wie die anderen Arten, auf dem Trocknen umher. Am ganzen Aussenstrand von Dar-es-Salaam, wo Süsswasser fehlt, fand ich niemals eine *Sesarma*[2]). Die Scheeren von *S. meinerti* sind nicht zu verachtende Waffen, die sie auch geschickt und in empfindlicher Weise zu gebrauchen versteht.

*Cardisoma carnifex* lebt unter ähnlichen Bedingungen, wie *Sesarma meinerti*, und oft in deren Gesellschaft. Sie entfernt sich vielleicht noch weiter von der See und bewohnt trockenere Orte als diese, wo sie sich tiefe Löcher gräbt. Bei Dar-es-Salaam ist sie sehr häufig, jedoch sah ich während der trockenen Jahreszeit selten ein Exemplar dieser Art.

*Dotilla fenestrata* ist im Hafen von Dar-es-Salaam der gemeinste Krebs. Sie lebt am sandigen Strande innerhalb der Ebbezone zu Millionen. Zur Fluthzeit sieht man von ihr nichts, da sie in ihren zugeschwemmten Löchern sitzt, sobald aber bei Ebbe ihre Wohnplätze von Wasser frei werden, beginnt sie zunächst ihre Löcher zu säubern und dann auf Nahrung auszugehen, indem sie den feinen Sand durchkaut. Der durchgekaute Sand wird in Form kleiner Würstchen aus den Mundtheilen herausgepresst, und da sie immer ab und zu wieder in ihr Loch schlüpft und hervorkommt, um in einer anderen Richtung ihre Fressthätigkeit fortzusetzen, bilden sich auf dem glatten Sandboden ganz charakteristische sternförmige Figuren: in der Mitte ein Loch, von dem eine Anzahl, 10—20 cm langer Furchen ausstrahlen, deren jede auf einer Seite von einem Wall kleiner Würstchen begrenzt ist. Bei zurückkehrendem Wasser zieht sie sich vor demselben strandaufwärts zurück, so dass dicht am Rande des steigenden Wassers in der Breite von mehreren Metern der Sand mit zahllosen Exemplaren bedeckt ist, die oft nicht neben einander Platz haben, so dass sie in mehreren Schichten über einander herumlaufen. Nähert man sich diesem lebenden Strandwall, so beginnt die ganze Gesellschaft zu flüchten und sich in den Sand einzugraben, was den oberen aber erst gelingt, wenn die unteren unter dem Sande verschwunden sind. Das Geräusch, das ihr Laufen hervorbringt, gleicht dem eines starken Platzregens. Auch bei Kilwa lebt diese Art in grossen Colonien in ähnlicher Weise zusammen. Ihre blass-gelbliche oder blass-grünliche Farbe passt sich gut der Farbe des Sandes an.

Nach der oben gegebenen Notiz SEMON's scheint *Myctiris longicarpus* bei Amboina unter ähnlichen Verhältnissen zu leben.

Die vier von mir gesammelten Arten der Gattung *Gelasimus* sind sicher gut von einander geschieden, was schon daraus hervorgeht, dass sie niemals unter einander vorkommen. Selbst wo dieselben dicht bei einander gefunden werden, sucht sich jede ihre gesonderten Wohnplätze aus. Am besten konnte ich dies bei Lindi beobachten. Die rechte Seite des dortigen Flussufers wird von einem nicht sehr breiten Man-

---

[1]) Keine einzige Form der *Grapsinae*, noch weniger der Gattung *Grapsus* selbst gehört zu den Landkrebsen, WALTHER (Bionomie des Meeres, p. 95) führt *Grabsus* (sic!) unter den Landkrebsen auf; wem er diese Notiz entnommen hat, ist mir unbekannt, vielleicht F. MÜLLER, Für Darwin, 5. Capitel, aber auch hier spricht F. MÜLLER nur von einer nicht näher definirten *Grapsus*-Art, bei der er gelegentlich Luftathmung beobachtet haben will. Die Identification dieser Form ist aber völlig unmöglich. Die Unterfamilie der *Sesarminae* unterscheidet sich von den marinen (sehr selten süsswasserbewohnenden) *Grapsinae* durch gewisse Merkmale, die in Zusammenhang stehen mit den terrestrischen Gewohnheiten der ersteren. Ueber die *Sesarminae* vergl. F. MÜLLER, l. c., ferner KINGSLEY, Synopsis of the Grapsidae, Proceed. Acad. Nat. Sc. Philadelphia 1880, und DE MAN, Zool. Jahrb., II, 1887, p. 641. Hätte WALTHER die citirten Stellen nachgesehen, so würde er wohl auf den Gedanken gekommen sein, dass ein irgendwo als *Grapsus* angeführter Landkrebs zu den *Sesarminae* zu rechnen ist.

[2]) Vgl. auch BÜRGER, Zool. Jahrb., VII, 1893. p. 613.

grovengürtel begleitet. Unterhalb desselben, auf schlammigem Grunde, der mit Steinen und Geröll vermischt ist, findet sich *G. cultrimanus*, in den Mangroven selbst, in dem charakteristischen, zähen, schwarzen Schlamme findet sich *G. urvillei*, an der oberen Grenze der Mangroven, an reinen Sandstellen lebt *G. annulipes*. *G. inversus* erbeutete ich mit diesem letzteren zusammen, doch machte ich damals beim Sammeln noch keinen Unterschied zwischen beiden Arten, so dass sie in ein Gefäss geriethen. Ich glaube aber bestimmt, dass auch von ihnen die einzelnen Colonien sich getrennt von einander halten. Bei Kilwa erbeutete ich nur zwei Arten: auch hier leben beide dicht benachbart mit einander, jedoch finden sich die Colonien von *G. cultrimanus* wieder auf Stellen, die ein Gemisch von Sand, Schlamm und Steinen zeigen, während *G. annulipes* auf ganz reinem Sande auftritt. Bei Dar-es-Salaam leben ebenfalls alle vier Arten an den entsprechenden Stellen, nur nicht so dicht bei einander: *G. urvillei* findet sich erst am Südende der Hafenbucht im schwarzen Mangrovenschlamme. In der Lagune bei Zanzibar fand ich nur den *G. annulipes*, hier aber an Oertlichkeiten, wie sie sonst von *G. cultrimanus* bewohnt werden.

    Die Arten der Gattung *Gelasimus* sind durchaus keine echten Landkrebse, sondern typische Strandbewohner, die sich nur innerhalb der Ebbezone aufhalten. Ihre Wohnplätze, auf denen sie in Schaaren zusammenleben, werden bei jeder Fluth vom Wasser bedeckt, und ich habe sie nur an solchen Stellen gefunden, bis zu denen das Seewasser reicht, wenn ich auch glaube, dass gewisse Arten (z. B. *urvillei*) häufig mit Brackwasser vorlieb nehmen müssen. Während der Fluth werden ihre Löcher zugeschwemmt, zur Ebbezeit beginnt ihre eigentliche Thätigkeit. Niemals habe ich gesehen, dass sie sich weit von ihren Löchern entfernen. Die eine enorm entwickelte, meist lebhaft gefärbte Scheere des ♂ dient keineswegs dazu, den Eingang zu den Löchern zu verschliessen (wie z. B. in Brehm's Thierleben zu lesen ist), sondern ist offenbar ein sexueller Zierrath, mit dem die ♂ die ♀ anlocken, und dieser Zweck wird noch dadurch gefördert, dass die ♂ die lebhaft gefärbte, hoch erhobene Scheere in eigenthümlicher Weise hin und her bewegen, was durch den Namen „Winkerkrabben" gut bezeichnet wird. Nur die Bewegung dieses auffallenden Anlockungsmittels erregt die Aufmerksamkeit der ♀, ruhende Gegenstände werden nicht beachtet. — An der Luft vermögen sie nicht lange zu leben, sobald sie aus ihrer feuchten Umgebung entfernt werden: die Exemplare, die ich in der Lagune von Zanzibar fing und lebend mit mir nahm, waren nach einer halben Stunde alle abgestorben. Der Boden ihrer Wohnplätze ist aber stets feucht, und ich bin überzeugt, dass das Haarpolster, das sie unten zwischen den Basen des 3. und 4. Beinpaares tragen, keinen anderen Zweck hat, als die Bodenfeuchtigkeit gleich wie mit einem Schwamm aufzusaugen und den Kiemen zuzuführen.

    Die Gattung *Ocypode* lebt ähnlich wie *Gelasimus* nur innerhalb der Ebbezone, und zwar an Strandstellen, die von reinem Dünensand gebildet werden, in welchem die Arten tiefe Löcher graben. Sie sind an reines Salzwasser gebunden und finden sich deshalb z. B. bei Dar-es-Salaam nur am Aussenstrande und Hafeneingang. Im Laufen leisten sie ganz Ausserordentliches, während sie ungeschickte Schwimmer sind und, ins Wasser getrieben, sich möglichst schnell in den Sand eingraben. „Ausschliessliche Landthiere" (wie in Brehm's Thierleben steht) sind sie durchaus nicht. Das Haarpolster zwischen dem 3. und 4. Beinpaar hat offenbar dieselbe Bedeutung, wie bei der Gattung *Gelasimus*. *Ocypode ceratophthalma* lässt, wenn sie in ihren Löchern sitzt, einen tief brummenden Ton hören, der offenbar von der auf der Innenseite der Hand befindlichen Stimmleiste durch Reibung gegen die Leiste des Ischium hervorgerufen wird.

# Versuch einer Charakterisirung und Umgrenzung der Indopacifischen Region.

Wenn ich im Folgenden den Versuch mache, die Indo-pacifische Region einer näheren Betrachtung zu unterziehen, so muss ich vorausschicken, dass ich speciell durch das vorliegende Material dazu veranlasst wurde, und deshalb auch mich völlig auf die Berücksichtigung der Decapoden-Krebse beschränke. Das Heranziehen anderer Thiergruppen erscheint theils deshalb nicht thunlich, weil dieselben vielfach anderen Verbreitungsgesetzen unterworfen sind, theils würde die Auswahl derselben schwer werden, da viele nur ungenügend bekannt sind.

Auch in Bezug auf die geographische Verbreitung der Decapoden weist unsere Kenntniss noch wesentliche Lücken auf. Doch halte ich das, was wir wissen, für genügend, um allgemeine Gesichtspunkte — wenigstens für die Indo-pacifische Region — aufzustellen. Durch neue Funde werden meinem Erachten nach wohl kaum die folgenden Ausführungen wesentlich abgeändert werden: dagegen ist zu erwarten, dass sie durch solche sich im Allgemeinen werden bestätigen lassen.

Die Indo-pacifische Region erstreckt sich, wie der Name sagt, über Theile des Indischen und Pacifischen Oceans, umfasst aber in ihrer charakteristischen Ausbildung nur das Litoral[1]), d. h. den den Küsten unmittelbar anliegenden Theil der Oceane bis zu einer gewissen Tiefe. Man nimmt ziemlich willkürlich die Continentalstufe[2]), 100 Faden, als untere Grenze der Litoralregion an. Diese Grenze ist in Wirklichkeit nicht so scharf, aber ich halte es für den vorliegenden Zweck für überflüssig, auf diese Frage einzugehen. Jedenfalls sind von der Indo-pacifischen Region in ihrer typischen Ausbildung alle die Theile des Oceans ausgeschlossen, die als offenes Meer von Plankton und Nekton, oder als Tiefsee vom abyssalen Benthos und Nekton bewohnt werden: für diese gelten besondere Gesetze. Die Indo-pacifische Region umfasst somit nur Theile des Litoralgebietes der Erde mit seinem Benthos, Nekton und Plankton. Unter den Decapoden ist besonders die erstere Gruppe, das Benthos, vertreten. An dieses echt litorale Benthos reihen sich Formen an, die die Schorre bewohnen, die Strandbewohner, und ferner fügen sich ihnen an, allerdings oft mit Modificationen in ihren Verbreitungsverhältnissen, eine Anzahl Süsswasser- und Landbewohner.

Einen allgemeinen Charakter der litoralen Indo-pacifischen Decapoden-Fauna kann man nicht mit ein paar Worten wiedergeben. Wesentlich ist ein ungeheurer Formenreichthum, die einzelnen Formen sind selten local beschränkt, sondern verbreiten sich meist über das ganze Gebiet. Von diesen Formen sind als charakteristisch vor allen diejenigen hervorzuheben, die in Folge ihrer Körpergrösse, ihrer Häufigkeit und anderer Ursachen auffallen, und der Indo-pacifischen Fauna an jeder beliebigen Stelle unter entsprechenden Verhältnissen ein besonderes Gepräge aufdrücken. Bisher wurde auf diesen Punkt wenig Aufmerksamkeit verwendet. Nach meinen Beobachtungen in Ost-Afrika giebt es aber eine ganze Reihe von Formen, die derartig ins Augen fallen, dass selbst der Laie auf sie aufmerksam wird.

---

1) Vgl. oben p. 3 Anmerk.
2) Vgl. WALTHER, Bionomie des Meeres, 1893, p. 4, 11, 14. Die Definition der „Flachsee", p. 14, ist zum mindesten unklar ausgedrückt. Wie will er eigentlich diesen Lebensbezirk begrenzen? Durch die 100-Fadenlinie oder durch die untere Grenze (400 m) des diaphanen Gebietes?

Bei Dar-es-Salaam sind dies vor allen die Formen, die man am Strande auf Schritt und Tritt antrifft. Als solche nenne ich vor allen Dingen die Ocypoden, in den beiden Arten *O. ceratophthalma* und *kuhli*, die an sandigen Stellen des Strandes in Menge leben. Ihnen schliessen sich die an anderen Strandstellen vorkommenden *Gelasimus*-Arten an, besonders *G. cultrimanus*, die durch ihre Menge imponiren. Ferner sind die grossen Schwimmkrabben zu nennen, *Neptunus sanguinolentus, Scylla serrata*, die im Wasser selbst, auf sandigem Grunde, auffallen. Mit ihnen zusammen lebt *Calappa hepatica* und *Matuta victrix*. An felsigen Strandstellen fällt *Eriphia smithi* durch ihre Grösse und Wehrhaftigkeit, *Calcinus herbsti* durch seine Massenhaftigkeit auf. Das reichste Krebsleben entwickelt sich auf den Riffen, wo sich gewisse Formen auch durch von ihnen hervorgebrachte Geräusche dem Ohre wahrnehmbar machen. Bei einem Gang über ein Riff wird man stets auf ein eigenthümliches knipsendes Schnalzen aufmerksam, das überall und ununterbrochen ertönt, ohne dass man die Urheber erblickt: beim Nachsuchen findet man, dass es von *Alpheus*-Arten (und *Gonodactylus*-Arten) herrührt, die in Unmengen im Korallkalk leben, und von denen viele für die Indo-pacifische Region charakteristisch sind. Von sonstigen Riffkrebsen fallen einige durch ihre Grösse auf, wie *Pagurus punctulatus* und *deformis. Carpilius convexus, Zozymus aeneus*, die übrigen entziehen sich meist dem Auge. Sehen wir uns unter den Landformen um, so treffen wir auch hier einige sehr auffallende Formen, wie die *Coenobiten, Cardisoma carnifex, Sesarma meinerti*.

Alle die genannten Formen, die bei Dar-es-Salaam so sehr auffallen, sind über das Indo-pacifische Gebiet ganz allgemein verbreitet, während einige andere bei Dar-es-Salaam zwar auch recht auffällig sind, aber entweder nicht allgemein an anderen Orten wiedergefunden werden oder mehr oder weniger kosmopolitisch sind (*Dostilla fenestrata, Grapsus grapsus*).

Fügt man noch die Formen hinzu, deren allgemeines Vorkommen, deren Häufigkeit und Körpergrösse vermuthen lässt, dass sie sich, entsprechend ihrer Verwandtschaft mit den genannten, ähnlich verhalten, so würden wir die folgende Liste von Charakterformen der Indo-pacifischen Decapoden-Fauna aufstellen können.

I. Rein marine Formen (nie ausserhalb des Wassers).
   a) Riffbewohner, sowie Bewohner der bei Dar-es-Salaam an die Riffe gebundenen Tang- und Seegraswiesen.
       *Alpheus laevis, machrochirus* und viele andere Arten. *Pagurus punctulatus, deformis* u. a. Arten, *Zozymus aeneus, Carpilius convexus* und *maculatus*.
   b) Auf Sandgrund:
       *Calappa hepatica, Matuta victrix* nebst ihren Varietäten. *Neptunus pelagicus, sanguinolentus, Scylla serrata, Thalamita crenata* und andere Arten.
II. Schorrenbewohner.
   a) An felsigem Strand:
       *Calcinus herbsti, Eriphia laevimana* und *smithi*.
   b) Dünenbewohner, an Salzwasser gebunden:
       *Ocypode kuhli, ceratophthalma* und andere Arten.
   c) Brackwasserbewohner, meist wohl euryhalin.
       *Gelasimus cultrimanus, annulipes, urvillei* und viele andere Arten.
III. Süsswasser- und Landformen.
       *Coenobita clypeatus, rugosus, compressus, perlatus, Birgus latro, Sesarma meinerti* und andere Arten, *Cardisoma carnifex*.

Diese Liste macht durchaus keinen Anspruch auf Vollständigkeit; sie würde sich leicht um eine ganze Reihe von Arten vermehren lassen, besonders wenn man auch die weniger auffallenden und die in tieferem Wasser lebenden, die sich der directen Beobachtung entziehen, hinzuzieht. Die genannten Arten sind solche, bei denen sich aus den bisher bekannten Daten ihres Vorkommens schliessen lässt, dass sie sich wohl stets an jeder beliebigen Stelle des Indo-pacifischen Gebietes an den entsprechenden Localitäten werden nachweisen lassen.

Die Grenzen der Indo-pacifischen Region lassen sich im Allgemeinen rein empirisch feststellen. Es ist eine Thatsache, dass die dieser Region angehörenden Decapoden meist eine ganz eigenthümliche und gemeinsame Verbreitung haben, die über gewisse Grenzen nicht hinausgeht. Formen, die sich anders verhalten, bilden nur Ausnahmen. Die Grenzen, bis zu denen die Hauptmasse dieser Formen vordringt, sind zum Theil sehr scharf und durch die geographischen Grenzen von Meer und Continent bedingt. So bildet im Norden des Indischen Oceans vom Rothen Meere bis Hinter-Indien der asiatische Continent die Nordgrenze für die Indo-pacifische Fauna, im Westen der afrikanische Continent. Die Grenzen nach Süden und Osten, sowie östlich von Asien nach Norden sind nicht durch vorliegende Landmassen bestimmt. In diesen Richtungen können wir dieselbe Fauna nördlich bis Japan, westwärts über die ganze pacifische Inselwelt, bis zu den Sandwich- und Paumotu-Inseln verfolgen. Im Süden begleitet die Indo-pacifische Fauna die Ost- und Westküste Australiens und erstreckt sich an der Ostküste Afrikas fast bis zum Cap (vgl. unten).

Aus der oben gegebenen Gruppirung der Charakterformen geht hervor, dass die Mehrzahl derselben sich an eine bestimmte Facies[1]) des Meeresgrundes bindet. Die genannten Formen der Facies sind nicht die einzigen, die im Litoral vorkommen: es reihen sich an sie noch weitere an, die besonders tieferem Wasser angehören. Die Summe aller der Formen, die an die verschiedenen Facies des Litorals gebunden sind, bildet die Indo-pacifische Fauna in der Weise, dass diese Formen sich über ein bestimmtes Gebiet, wie es eben in grossen Zügen begrenzt wurde, verbreiten, und dass sie sich innerhalb dieses Gebietes an jeder beliebigen Stelle finden können. Es ist leicht einzusehen, dass eine gewisse Continuität dieser Facies über das ganze Gebiet hin der wesentlichste Factor für dessen Gleichartigkeit ist. Wo irgend diese Facies auftreten, und wo sie in irgend welcher Verbindung stehen mit Localitäten, die Indo-pacifische Fauna zeigen, da ist dieselbe Fauna zu erwarten. Diese Continuität der Facies ist aber durchaus keine vollständige in räumlicher Beziehung, im Gegentheil, sie ist sehr häufig unterbrochen. Diese Unterbrechungen dürfen natürlich nicht so ausgedehnt sein, dass sie die Communication der Bewohner benachbarter Localitäten gleicher Facies verhindern: die Bewohner müssen über die Lücken hinübergelangen können. Das ist nun bei den Decapoden-Krebsen, die ja vielfach ein benthonisches Leben führen, für die erwachsenen Formen vielfach erschwert, aber in diesem Falle wird die Verbindung durch die pelagisch lebenden Larvenformen derselben ermöglicht. Im Indo-pacifischen Gebiet haben wir nun die Verhältnisse so liegend, dass wir zunächst eine ununterbrochene Küstenlinie von Süd-Afrika bis China haben, an der sich die verschiedenen Facies in fortwährender Wiederholung ablösen: dieser Wechsel ist so reich und tritt auf ganz kurze Strecken immer wieder auf, oft gehen die einzelnen Facies neben einander her, dass auf dieser Küstenlinie nirgends eine erhebliche Schwierigkeit der Verbreitung entgegentritt. Ferner aber sind einerseits die Inselgruppen des Indischen Oceans, andererseits die übrigen Gebiete der Indo-pacifischen Fauna östlich von Asien, unter sich und von dieser Küstenlinie durch so geringe Entfernungen getrennt, dass auch hier ein wesentliches Hinderniss für die Verbreitung der Decapoden-Krebse nirgends vorhanden ist[2]).

Sehr charakteristisch für das Indo-pacifische Litoralgebiet sind die Korallriffe. Da viele Decapoden an diese Facies gebunden sind und diese Form des Meeresgrundes auch gewisse andere Facies bedingt, so könnte man versucht sein, die Grenze des Indo-pacifischen Gebietes nach der Verbreitung der Korallriffe zu bestimmen[3]). Es würde das aber durchaus nicht correct sein, da die riffbewohnende Krebsfauna zwar einen beträchtlichen Theil der Indo-pacifischen Fauna ausmacht, aber neben ihr noch zahlreiche echt Indo-pacifische Elemente existiren, die nicht an Korallen gebunden sind und ihre Verbreitung weiter auf angrenzende Litoralgebiete ausdehnen, in denen Riffkorallen fehlen: die Riffkorallen haben eben andere

---

1) Vgl. WALTHER, Bionomie des Meeres, p. 25 ff.
2) Ueber die Verbreitung der Larvenformen litoraler Krebse und ihren weiten Transport durch Meeresströme etc. vgl. ORTMANN, Decapoden und Schizopoden der Plankton-Expedition, 1893, p. 97—99, p. 108—110 u. pl. 10. — Daselbst ist zu ersehen, dass die Entfernungen, bis zu denen der Transport solcher Larven erfolgt, vielfach viel bedeutender sind, als irgend eine Entfernung zwischen beliebigen benachbarten Punkten des Indo-pacifischen Litoralgebietes. — Vgl. auch STUDER, Gazelle, III, 1889, p. 32.
3) Vgl. WALTHER, Bionomie des Meeres, p. 30. WALTHER identificirt die „Indo-pacifische Provinz" geradezu mit der Facies der Riffkorallen. Er vergisst dabei, auch in West-Indien Korallriffe vorkommen. Interessant ist die Vergleichung einer Provinz mit einer Facies.

Verbreitungsgesetze [1]). An gewissen Stellen fallen aber die Grenzen des Verbreitungsgebietes der Riffkorallen und der litoralen Decapoden-Krebse zusammen: Zunächst im Osten des Gebietes, wo der offene Pacifische Ocean beiden Thierklassen eine Schranke entgegensetzt, die sie nicht überwinden können. Die grossen Tiefen machen ein Weitervordringen der benthonischen Litoralformen unmöglich, und ebenso scheinen für die planktonischen Larven die weiten Wasserflächen mit ihren verschiedenen Verbreitungsmitteln nicht günstig zu sein für eine weitere Ausbreitung nach Osten. Dieselben Verhältnisse treten auf in der Südrichtung, zwischen Afrika und Australien und östlich von Australien, wo die Tiefsee und die weiten Wasserflächen des südlichen Indischen Oceans und des südlichen Pacific gleichfalls Grenzen ziehen.

Wir hätten somit die topographischen Ursachen der Umgrenzung des Indo-pacifischen Gebietes nach den hauptsächlichen Richtungen hin festgestellt. Nach Westen bildet das Festland von Afrika, nach Norden zu einem grossen Theil das Festland von Asien, nach Osten und zum Theil nach Süden der offene Pacific und freie südliche Indische Ocean ein Verbreitungshinderniss für die litoralen Indo-pacifischen Decapoden. Innerhalb dieser Grenzen haben wir durchweg eine Continuität der Facies, die nur durch kleine Lücken unterbrochen wird, die sich durch die Verbreitungsmittel der Decapoden überwinden lassen, während an den genannten Grenzen weite und unübersteigbare Schranken dadurch gebildet werden, dass die Facies sich durchgreifend und auf grössere Strecken hin ändern. Das eine Mal tritt an die Stelle der marinen Litoral-Facies, wenn man so sagen will, eine continentale Faciesgruppe, das andere Mal werden die ersteren von denen der Tiefsee und durch den offenen Ocean abgelöst.

Die litoralen Facies, die im Indo-pacifischen Gebiete beobachtet werden (mit Ausnahme der Riff-Facies), setzen sich aber an drei Stellen noch weiter mit einer ähnlichen Continuität wie sonst in Gegenden fort, die nach unserem empirischen Material nicht mehr die Indo-pacifische Fauna zeigen, nämlich an der südlichen ost-afrikanischen Küste, gegen das Cap zu, an der ost-asiatischen Küste über Japan in den nördlichen Pacific und drittens an der Ost- und Westküste Australiens nach Süden zu. Untersuchen wir diese drei Stellen genauer, und versuchen wir festzustellen, wie weit sich empirisch die Indo-pacifische Fauna hier über das Gebiet der Riffkorallen hinaus erstreckt, und welchen Ursachen ihre Begrenzung zuzuschreiben sei.

Was den südlichen Theil von Ost-Afrika anbetrifft, so liegt uns von Specialarbeiten besonders ein Aufsatz von KRAUSS [2]) vor, und ferner finden sich auch sonst in der Literatur zerstreute Angaben über die Cap-Fauna. Das eigentliche Cap selbst (Tafelbai, Simonsbai) besitzt faunistische Elemente, die ihm eigenthümlich sind, die im Indo-pacifischen Gebiet fehlen, und andererseits sind echte Indo-pacifische Formen ebenda kaum vorhanden. Zur eigenthümlichen Cap-Fauna gehören z. B.: *Pseudodromia lutens, Mursia cristata, Hymenosoma orbiculare, Acanthonyx dentatus, Portunnus pulchellus*, während andere sich z. B. in Süd-Amerika und Süd-Australien wiederfinden, wie *Iasus lalandei, Platyonychus bipustulatus, Cyclograpsus punctatus* (die beiden letzteren mit Vorstössen in die Indo-pacifische Region).

Die Natalfauna (nach KRAUSS) besitzt von diesen echten Cap-Formen, soweit sie bekannt wurden, nur den *Acanthonyx dentatus*. Dagegen treten eine Reihe echt Indo-pacifischer Formen auf, wie z. B.: *Calcinus herbsti, Matuta victrix, Neptunus pelagicus, Thalamita admete, prymna, crenata, Scylla serrata, Atergatis floridus, Xantho exaratus, Eriphia smithi* u. a. Da ferner bei Natal noch Korallriffe vorkommen, so haben wir die Natal-Fauna als einen Theil der Indo-pacifischen anzusehen.

Die vorliegende Sammlung von Port Elisabeth, einer noch weiter südlich liegenden Localität als Natal, enthält nun schon folgende echte Cap-Formen: *Pseudodromia lutens, Mursia cristata, Hymenosoma orbiculare, Acanthonyx dentatus, Portunnus pulchellus, Platyonychus bipustulatus, Cyclograpsus punctatus*, während als Indo-pacifische Arten nur: *Lophozozymus dodone, Eriphia smithi, Ocypode kuhli* und *ceratophthalma* anzusprechen sind. Hier in der Nähe muss also die Südgrenze der Indo-pacifischen Region liegen: wie sich die zwischen Natal und Port Elisabeth liegenden Küstenstriche verhalten, ist leider unbekannt. Die Strecke, auf der der Uebergang der beiden Faunen stattfindet, ist eine verhältnissmässig kurze [3]). Auf alle Fälle ist aber

---
1) Vgl DANA. Corals and Coral Islands.
2) KRAUSS, Südafrikanische Crustaceen, 1843.
3) Jedenfalls reicht die Indo-pacifische Fauna bis nahe an Port Elisabeth heran, einzelne Elemente gehen selbst bis dorthin. WALTHER (Bionomie des Meeres, p. 82) hält es, wie sein Gewährsmann BUCKLAND, für ein ausserordentliches Ereigniss, dass bei

als empirische Thatsache festzuhalten, dass die Indo-pacifische Fauna südlich sich nicht bis zur Südspitze Afrikas erstreckt [1]). An dieser Stelle liegt also ein Verbreitungshemmniss, das die Communication mit dem Atlantischen Litoralgebiet an der Westseite Afrikas verhindert. Eine topographische Ursache, ein plötzlicher Wechsel der Facies liegt hier nicht vor, der Grund ist in anderen Verhältnissen zu suchen. (Vgl. unten.)

Untersuchen wir nunmehr die empirischen Grundlagen, nach denen wir die Grenze der Indopacifischen Region an der Ostseite Asiens nach Norden feststellen können. Dieselbe ist jedenfalls in der japanischen Inselgruppe zu suchen. Ueber die japanische Fauna liegt uns zunächst das grosse Werk DE HAAN's vor, das jedoch in Bezug auf diese Frage wenig Anhaltspunkte giebt, da die japanischen Fundorte nicht genauer angeführt sind, und gerade die genaue Angabe der Localität hier von grösster Wichtigkeit ist. Abgesehen von den in anderen Werken[2]) vorliegenden detaillirten Angaben, bin ich in der Lage, in diesem Gebiete genauere Angaben zu machen, da mir die reichen Sammlungen vorliegen, die Herr Professor DÖDERLEIN in Japan zusammenbrachte, und die ich zum Theil schon publicirt habe[3]). Diese Sammlungen sind deshalb besonders interessant, weil sie an verschiedenen Punkten Japans gemacht wurden, von den Liu-Kiu-Inseln bis Tokio[4]), also sich über eine grosse Strecke des japanischen Inselreiches erstrecken. Eine ganze Reihe von Krebsformen ist für dieses Gebiet charakteristisch, jedoch ist zu bemerken, dass die Zahl dieser Arten seit DE HAAN's Zeiten fast stetig abnimmt, da der Nachweis geführt wird, dass sie im Indo-pacifischen Gebiet weiter verbreitet sind.

Die Liu-Kiu-Inseln sind rein Indo-pacifisch, was schon aus dem Vorhandensein von Korallriffen daselbst hervorgeht. Die Riffe verschwinden dicht vor der Südspitze des eigentlichen Japan. Ebenda liegt ein Ort, an dem Herr Professor DÖDERLEIN sammelte, Kagoshima. Unter dem von dort stammenden Material befinden sich folgende echt Indo-Pacifischen Formen[5]):

| | | |
|---|---|---|
| *Alpheus crinitus,* | *Petrolisthes japonicus,* | *Oncinopus aranea,* |
| „ *parvirostris,* | *Pagurus sculptipes,* | *Hyastenus diacanthus,* |
| „ *collumianus,* | *Dorippe dorsipes,* | *Thalamita sima.* |
| „ *laevis,* | *Oreophorus rugosus,* | *Actaea cavipes.* |
| „ *pachychirus,* | *Arcania undecimspinosa,* | *Actumnus setifer.* |
| *Hippolyte (Saron) gibberosa,* | *Myra fugax,* | |
| *Coralliocaris superba,* | *Paratymolus pubescens,* | |

Eine Anzahl hiervon haben wir oben als Korallenbewohner kennen gelernt: es sind also entweder bei Kagoshima Korallriffe in der Nähe vorhanden, was sehr gut möglich sein kann, oder die betreffenden Formen: *Alpheus laevis* etc., *Saron gibberosus* (affin. *marmoratus*, vergl. oben p. 13), *Coralliocaris superba*, *Actaea cavipes* sind nicht streng an Korallen gebunden.

Ausser diesen echten Indo-pacifischen Formen treten aber bei Kagoshima eigenthümliche Formen auf, die theils für Japan bezeichnend sind, theils sonst nur über die Liu-Kiu-Inseln und China sich verbreiten: es mag in der in Rede stehenden Sammlung ihre Zahl etwa ein Dutzend betragen.

Betrachten wir die DÖDERLEIN'sche Sammlung von Tokio, dem nördlichsten Fundpunkte, der in diesem Material vertreten ist, so hat sich die bei Kagoshima vorhandene Zusammensetzung nicht wesentlich verändert. Bei Tokio wurde, da dort längere Zeit gesammelt wurde, ein viel reicheres Material erbeutet,

---

Port Elisabeth im Jahre 1887 „4 Stück von *Pelamis bicolor*, einer giftigen Schlange von Sumatra" (!) ans Land getrieben wurden. Dem gegenüber ist zu bemerken, dass *Pelamis bicolor* die gemeinste Seeschlange ist, die von Madagascar bis Panama vorkommt, häufig auf hoher See beobachtet und häufig verschlagen wird.
1) Vgl. auch STUDER, Gazelle, III, 1889, p. 51.
2) Besonders STIMPSON, Proceed. Acad. Nat. Sc. Philadelphia, 1857-60. und die Challenger-Werke: MIERS, Brachyura, 1886, BATE, Macrura. 1888, HENDERSON, Anomura, 1888.
3) Zool. Jahrb., V, 1890, — VII, 1893.
4) Vgl. die Localitätsangaben bei ORTMANN, Japanische Cephalopoden, Zool. Jahrb., III. 1888.
5) Die Liste ist nicht vollständig. Ich nenne nur echte Litoralformen und davon nur solche, deren Verbreitung eine grössere ist, oder die sonst charakteristisch sind.

und deshalb enthält die hier folgende Liste mehr Arten, als die von Kagoshima. Viele der in letzterer fehlenden werden aber wohl nur durch Zufall dem Sammler entgangen sein.

Bei Tokio wurden folgende echt Indo-pacifischen Formen erhalten:

| | | |
|---|---|---|
| *Penaeus canaliculatus,* | *Arcania undecimspinosa,* | *Neptunus sanguinolentus,* |
| „ *semisulcatus,* | *Myra fugax,* | *Goniosoma ornatum,* |
| *Alpheus laevis,* | *Huenia proteus,* | *Thalamita sima,* |
| *Panulirus longipes* (var. *japonica*), | *Hyastenus diacanthus,* | „ *prymna,* |
| *Petrolisthes japonicus,* | *Schizophrys aspera,* | *Cryptopodia fornicata,* |
| *Pagurus sculptipes,* | *Micippe thalia,* | *Xantho exaratus,* |
| *Aniculus aniculus,* | *Carupa laevinscula,* | *Atergatis floridus,* |
| *Dromia rumphi,* | *Neptunus gladiator,* | „ *integerrimus,* |
| *Dorippe dorsipes,* | „ *hastatoides,* | *Actumnus setifer,* |
| *Matuta victrix,* | „ *pelagicus,* | *Ocypode ceratophthalma.* |

Auch diese Liste macht keinen Anspruch auf Vollständigkeit. Die von mir in Ost-Afrika an Korallen beobachteten Formen treten ganz zurück (nur *Alpheus laevis* ist hier noch vorhanden, der demnach sicher nicht auf die Korallenfacies beschränkt ist), dagegen wurde von einer Anzahl ihr Vorkommen auf anderer Facies innerhalb der eigentlichen Tropen nachgewiesen. Auch bei Tokio tritt zu diesen Elementen des Indo-Pacific eine grössere Anzahl (mindestens 70) eigenthümlicher Formen, die auf das japanische Gebiet und die benachbarten Gegenden beschränkt sind, während wieder andere weitere Beziehungen erkennen lassen.

Zu den letzteren gehören zunächst solche Formen, die sowohl in Japan als auch im Nord-Pacific und auf der Westseite Nord-Amerikas (bis Californien) vorkommen. Ich nenne folgende:

*Eupagurus samuelis.*
*Pugettia quadridens* (und var. *gracilis*).
*Hyastenus japonicus* und *longipes* (die identisch sein sollen).
*Cheiragonus cheiragonus.*
*Pachygrapsus crassipes.*

In diese Kategorie ist auch das Vorkommen von *Lithodes-* und *Cancer-*Arten in Japan, Nord-Pacific und an der Westküste Amerikas zu rechnen.

Ferner finden sich in Japan circumpolare Arten, wie z. B. *Crangon crangon.*

Ganz merkwürdiger Weise sind einzelne Arten Japan und dem Mediterrangebiete gemeinsam, wie *Nika edulis*, *Pagurus striatus*; jedoch sind diese beiden die einzigen mir bekannten Beispiele. Von anderen Arten, die unter diese Kategorie früher gerechnet wurden, sind neuerdings weitere Fundpunkte bekannt geworden, so dass ihre Verbreitung eine weitere zu sein scheint.

Selbstverständlich fehlen in Japan auch kosmopolitische oder nahezu kosmopolitische Formen nicht. Die Crustaceen-Fauna Japans, nördlich bis Tokio, setzt sich demnach wesentlich zusammen aus eigenthümlichen Formen und aus echten Indo-pacifischen Elementen. Andere Beimischungen treten zurück. Aus diesen Thatsachen lässt sich der empirische Satz aufstellen, dass die japanischen Inseln bis Tokio eine Indo-pacifische Fauna zeigen, die eine reich entwickelte locale Ausbildung erlangt hat. Sie bilden ein ziemlich selbständiges Grenzgebiet, das sich aber von der Indo-pacifischen Region nicht als gleichwerthige Region abtrennen lässt. Bei Tokio ist eine scharfe Nordgrenze der Indo-pacifischen Region noch nicht erreicht.

Die Fauna des Nord-Pacific ist aber in ihrer speciellen Zusammensetzung noch wenig bekannt, und ebenso fehlen uns reichhaltigere Sammlungen aus dem nördlichen Japan, so dass man die empirische Nordgrenze der Indo-pacifischen Region in diesem Gebiete noch nicht sicher bestimmen kann. So viel steht aber fest, dass sich die Indo-pacifische Fauna nicht in den nördlichen Pacific fortsetzt und noch weniger die Westküste von Nord-Amerika erreicht, die einen ganz anderen Charakter aufweist.

An der dritten Stelle, an der die Indo-pacifische Region nicht durch topographische Grenzen abgeschlossen wird, an der Ost- und Westseite Australiens lassen uns die vorliegenden Nachrichten fast ganz im Stich, da gerade von den interessanten Punkten an (Sydney und Shark-Bay) in südlicher Richtung detaillirte Angaben fehlen. Sydney auf der Ostküste[1]) und Shark-Bay auf der Westküste[2]) scheinen noch rein Indo-pacifische Fauna zu besitzen. Jedoch treten dann in Süd-Australien und Tasmanien andere Elemente auf[3]), so dass wir hier vielleicht ein analoges Verhalten haben, wie in Süd-Afrika.

---

Es ist also höchst wahrscheinlich, dass an den besprochenen drei Localitäten die Indo-pacifische Region entweder nach Süden oder Norden abgegrenzt wird: die Ursachen dieser Begrenzung sind nicht in topographischen Verhältnissen zu suchen. Es liegt nichts näher, als hier das Klima mit seinen Wirkungen heranzuziehen, und jedenfalls dürfte es nicht übereilt sein, der Abnahme der Meerestemperatur die wesentlichste Rolle zuzuschreiben. Es würden also hier klimatische Grenzen vorliegen, und die nach den klimatischen Verhältnissen des Litorals an besagten Stellen theoretisch gezogenen Grenzen dürften wohl mit den empirisch festzustellenden zusammenfallen.

Betrachten wir auf der Karte der Meeresströmungen von KRÜMMEL (Oceanographie, II, 1887) die Verhältnisse in Süd-Afrika, so sehen wir, dass an der Stelle, wo sich die ost-afrikanische Küste schärfer nach Westen umbiegt (bei der Algoa-Bai und Port Elisabeth), der Agulhas-Strom, der von Norden warmes Wasser nahe der Küste südwärts und südwestwärts führt, sich von der Küste, vom Gebiete des Litorals entfernt, und dass an dieser Stelle sich kaltes Wasser, von der Westwind-Trift herrührend, dicht an der Küste nach Osten und Norden vorschiebt. Nach den neuesten Untersuchungen von SCHOTT[4]) liegen die Verhältnisse etwas complicirter. SCHOTT fand nahe der süd-afrikanischen Küste von Port Natal an bis fast zur Capstadt warmes, nach Süden und Westen strömendes Wasser, das jedoch südlich von Port Natal starke Schwankungen der Temperatur (zwischen 20,7° und 14,1°) zeigte, erst von 21° O. L. an, also nahe bei Capstadt, wurde diese Strömung verlassen und gleichmässig kaltes Wasser getroffen. Mag nun die Agulhas-Strömung näher oder weiter vom Lande verlaufen, jedenfalls constatirte auch SCHOTT auf der in Frage kommenden Strecke, also jedenfalls von der Algoa-Bai an, Streifen von kaltem Wasser, bis nahe der Capstadt das Wasser durchweg kalt wurde. Gleiches kaltes Wasser, von der süd-atlantischen Westwind-Trift aus höheren Breiten hergeführt, dringt als Benguela-Strom der Westküste Afrikas entlang aequatorwärts vor[5]). Durch diese Verhältnisse tritt eine starke Abkühlung der Gewässer an der Südspitze Afrikas und an der Westküste weit gegen den Aequator hin ein[6]), so dass an der ununterbrochenen Küstenlinie von der Algoa-Bai an, um das Cap herum, bis ziemlich zur Congo-Mündung eine breite klimatische Schranke von kaltem Küstenwasser liegt, das ausserdem, im Gegensatz zu den ziemlich gleichmässigen Temperaturen der tropischen Küstenwässer an der Ostseite Afrikas, starke Temperaturschwankungen zeigt. Diese breite Zone bildet offenbar das Haupthinderniss für die Verbreitung der Indo-pacifischen Litoralfauna um das Cap herum, und die Südgrenze derselben ist gemäss diesen Verhältnissen da zu ziehen, wo die Einwirkung der kalten Wasserstreifen beginnt, nach unseren bisherigen Kenntnissen etwa in der Gegend der Algoa-Bai.

Aehnlich scheinen die Verhältnisse in Japan zu liegen. Wenn sich hier in Folge von bestimmten topographischen Verhältnissen, auf die ich unten zurückkommen werde, an der Nordgrenze des Indo-pacifischen Gebietes eine besondere, reich entwickelte japanische Fauna herausbilden konnte, so wird schon dadurch ein mehr allmählicher Uebergang von der tropisch Indo-pacifischen Fauna zu der des Nord-paci-

---

1) Vgl. HESS, Decapoden-Krebse Ost-Australiens, 1865. HASWELL, Catalog. Austral. Crust., 1882.
2) Vgl. die vereinzelten Angaben bei MIERS, Ann. Mag. N. H., (5) IV, 1879, und Rep. Zool. Coll Alert, 1884, ferner STUDER, Gazelle, III, 1889, p 182 ff. — Die Fauna des Mermaid-Str. und des Dampier-Arch. ist echt Indo-pacifisch (ibid. p. 193).
3) Vgl. PFEFFER, Nied. Thierwelt d. antarct. Ufergebietes, Internat. Polarforsch. Die deutsche Exped., II, 1890, p. 462.
4) Wiss. Erg. Forschungsreise zur See etc., PETERMANN'S Mittheilungen, Ergänzungsheft, 109, 1893, p. 56 ff., fig. 5 auf. p. 57 und pl. 6.
5) KRÜMMEL, Oceanographie, II, p. 400.
6) Ausserdem wirkt daselbst ein kalter Auftrieb mit, vgl. KRÜMMEL, ibid. p. 308.

fischen Litoralgebietes hergestellt. Wie wir aber gesehen haben, ist die japanische Fauna bis Tokio noch mit vielen echten Indo-pacifischen Elementen durchsetzt. Es liegt nichts näher, als dass man dies Verhältniss auf die Wirkung des durch den Kuro-Siwo-Strom nach Norden geführten warmen Wassers zurückführt. Doch liegt die Sache hier wesentlich complicirter, da z. B. der eigentliche Kuro-Siwo in einigem Abstande von der Ostküste Japans verläuft, während das Küstenwasser selbst kälter ist[1]. Im nördlichen Japan macht dann offenbar die von Norden kommende kalte Strömung ihren Einfluss geltend, und die Begrenzung des Indo-pacifischen Litorals wird wohl wesentlich von der Wirkung der kalten oder warmen Strömungen auf die Küstenwässer abhängig sein. Im Japanischen Meer, wo an der Ost- und Westseite verschieden gerichtete und verschieden temperirte Strömungen herrschen, werden jedenfalls besondere locale Unregelmässigkeiten zu erwarten sein.

Was schliesslich die australischen Verhältnisse anbetrifft, so giebt die KRÜMMEL'sche Karte der Meeresströmungen im Wesentlichen an, dass sowohl an der West- als auch besonders an der Ostküste (südlich des Wendekreises) warme, nach Süden gerichtete Strömungen vorhanden sind, die eine Ausbreitung der Indo-pacifischen Fauna nach Süden begünstigen, während die ganze Südküste des australischen Festlandes unter der Herrschaft der kalten Westwind-Trift steht. Wie sich hier die Verhältnisse im Einzelnen gestalten, darüber fehlen die Beobachtungen: nach der Temperatur der Strömungen zu urtheilen, müsste aber an der Südküste Australiens, aber auch nur da, eine litorale Fauna sich finden, die von der Indo-pacifischen der Ostküste abweicht. Ob an der Westküste verwickeltere Verhältnisse vorliegen, ist ungewiss: eigentlich sollte man dort kaltes Auftriebwasser erwarten, während, z. Th. wenigstens, das Gegentheil nachgewiesen ist[2].

Eine einheitliche Indo-pacifische Fauna existirt also in den oben des Näheren angegebenen Grenzen. In dieser Region finden sich im Wesentlichen ähnliche Bedingungen, die in einer gewissen Continuität stehen. Die verschiedenen Facies des Litorals wechseln oft und auf kurze Strecken, Orte gleicher Facies liegen aber stets verhältnissmässig nahe bei einander, so dass die Zwischenräume für die Decapodenkrebse keine Verbreitungshemmnisse bilden. Ebenso sind die klimatischen Verhältnisse ziemlich gleichmässig: die Region umfasst durchweg tropische oder subtropische Gegenden. Erst dort, wo sich die topographischen und klimatischen Verhältnisse durchgreifend ändern und der Verbreitung der Fauna grosse Hindernisse entgegentreten, findet diese Region ihre Grenzen.

Nichtsdestoweniger zeigt die Indo-pacifische Litoralregion zu allen übrigen Theilen des Litoralgebietes der Erde gewisse Beziehungen. Am geringsten sind diese Beziehungen wohl zu den Gegenden, die ein nördliches Klima haben, zu den circumpolaren Litoralgebieten der nördlichen und südlichen Halbkugel. Wir haben schon oben gesehen, dass die Westküste Nord-Amerikas zu Japan gewisse Beziehungen zeigt, und ebenso finden wir im tropischen Theil der Westküste Amerikas einzelne, aber auch nur einzelne Formen, die im tropischen Indo-Pacific vorkommen, z. B.: *Remipes testudinarius, Trapezia cymodoce* und *rufopunctata*; die beiden letzteren Arten sind besonders deshalb erwähnenswerth, weil es die einzigen echten Korallbewohner sind, die die Schranke des offenen Pacific überwunden haben. Auch die Westküste Süd-Amerikas (Chile) besitzt in *Grapsus strigosus, Leptograpsus variegatus* u. a. Arten mit dem Indo-Pacific gemeinsame Züge. Diese letzten Formen konnten also die topographische Schranke der offenen See überwinden, während bei den japanisch-californischen Formen die Möglichkeit einer topographischen Verbindung im Nord-Pacific vorliegt: in diesem Falle musste aber die dort liegende klimatische Schranke überwindbar sein. Ferner ist bekannt, dass das Indo-pacifische Gebiet mit dem Atlantic gewisse Formen gemein hat, z. B. *Alpheus edwardsi, Actaea rufopunctata, Grapsus grapsus, Pachygrapsus transversus*. Für diese ist durchweg ein kosmopolitisches oder nahezu kosmopolitisches (circumtropisches) Vorkommen nachgewiesen. Alle diese Arten sind jedenfalls sehr eurytherm und vermögen die klimatischen Schranken am Cap, vielleicht auch im Nord-Pacific und an der Südspitze Amerikas zu überwinden. Jedoch muss ich

1) Vgl. KRÜMMEL, ibid., p. 494.
2) Vgl. KRÜMMEL, l. c. p. 315.

darauf aufmerksam zu machen, dass Formen mit einer derartigen Verbreitung, deren es noch mehr giebt, die weniger kosmopolitisch sind, vielleicht als Relicte früherer geologischer Epochen anzusehen sind.

Werfen wir nunmehr einen Blick auf das gegenseitige Verhältniss der litoralen Regionen der Erde, sowie auf die Entstehung derselben. Es mag ein derartiger Versuch als verfrüht erscheinen, da unsere Kenntniss der Litoralfauna an vielen Punkten der Erde noch sehr lückenhaft ist: jedoch berufe ich mich darauf, dass schon anderweitig die Principien der marinen Thiergeographie behandelt worden sind. PFEFFER[1]) hat mit grossem Nachdruck darauf hingewiesen, dass es besonders zwei Factoren sind, die die jetzigen Verhältnisse herbeigeführt haben, und zwar ein klimatologischer und ein topographischer, und ich habe im Vorangehenden ebenfalls diese beiden Factoren, die sich vielfach entgegenarbeiten, in ausgedehnter Weise herangezogen. Ich würde mich den Ausführungen PFEFFER's völlig anschliessen können, wenn ich nicht in Bezug auf die Auffassung der arktischen und antarktischen Fauna anderer Ansicht wäre. PFEFFER geht von der Ansicht aus, dass die Fauna des antarktisch-notialen Ufergebietes mit der des arktisch-borealen viel grössere Aehnlichkeit besitze, als mit irgend einer dazwischen liegenden Fauna, und sucht diesen Umstand dadurch zu erklären, dass er beide aus einer gemeinsamen (vortertiären), über die ganze Erde verbreiteten Litoralfauna ableitet. Im Tertiär ging der allgemeine Charakter der alten Fauna verloren in Folge der Bildung von klimatischen Unterschieden, und zwar bildeten sich circumpolare Faunengebiete, indem sich in den höheren Breiten (zunächst an den Polen) von der allgemeinen Fauna besondere abgliederten, die sich an die abnehmende Temperatur anpassten. Bis hierher stimme ich vollkommen mit den Ausführungen PFEFFER's überein. Weiterhin sucht er aber die „auffallende" Aehnlichkeit der Faunen um den Nord- und Südpol so zu erklären, dass die Fähigkeit, kaltes Wasser zu ertragen „bei den betreffenden Formen schon latent vorhanden war, ehe sie dazu kam sich zu bethätigen", so dass nur bestimmte Gruppen sich an die Abkühlung gewöhnen konnten, ferner, dass „die allmähliche Abkühlung der polaren Gegenden und eine grössere Einförmigkeit der Lebensbedingungen hemmend auf die Umbildungsfähigkeit der organischen Substanz gewirkt hat", so dass sich „beide Faunengebiete in den erheblich langen Zeitläufen seit der Faunentrennung ausserordentlich wenig verändert haben". Mir ist der letztere Gedankengang völlig unverständlich. Nachdem bestimmte Gruppen sich an eine Abkühlung gewöhnt hatten, soll ihre Umbildungsfähigkeit abgenommen haben, so dass sie sich weiter nicht oder nur wenig veränderten: das kann man nur so verstehen, dass am Pole sofort, nachdem überhaupt eine klimatische Faunentrennung eintrat, ungefähr dieselben kalten Verhältnisse eintraten, wie sie jetzt dort herrschen. Alsdann konnten die angepassten Formen unter gleichbleibenden klimatischen Verhältnissen sich bis zur Jetztzeit annähernd unverändert erhalten. In dieser Weise hat man sich aber die Aenderung des Klimas nahe den Polen unter keinen Umständen vorzustellen, sondern die Abnahme der Temperatur wird eine allmähliche gewesen sein von tropischer bis zu arktisch kalter. Die Formen, die sich an die erste geringe Abnahme der tropischen Temperatur anpassten, mussten weiterhin sich an immer kühler werdende Temperatur gewöhnen, ihre Umbildungsfähigkeit musste im Gegentheil zunehmen, da ein Stillstand nicht eintrat, und durch die fortschreitende Abkühlung immer von neuem unter den zuerst angepassten Formen eine Auslese getroffen wurde. Dieselben wurden so zu sagen immer weiter decimirt, so dass nur ein kleiner Rest von solchen übrig blieb, die sich durch eine besondere Fähigkeit, kaltes Wasser zu ertragen, auszeichneten und sich dementsprechend verändert hatten. Dieser Vorgang ging unabhängig vor sich auf beiden Erdhälften, und wenn wirklich nahe dem Nord- und Südpol identische (?) oder auffallend ähnliche Formen gefunden werden, die in den dazwischen liegenden Gegenden nicht vorkommen, so kann man die Ursache hiervon einzig und allein in der ersten Auslese von solchen Gruppen suchen, die überhaupt eine Temperaturerniedrigung ertragen konnten. Aus einem ähnlichen Material konnte durch die Einwirkung ähnlicher Verhältnisse ein verändertes Material gezüchtet werden, das seinen gemeinsamen Ursprung noch erkennen lässt. Die Annahme einer Abnahme der Variationsfähigkeit braucht also nicht gemacht zu werden.

---

1) Versuch über die erdgeschichtliche Entwickelung der jetzigen Verbreitungsverhältnisse unserer Thierwelt. Hamburg, 1891.

Allerdings würde es auffallend sein, wenn sich wirklich ein solcher Parallelismus der Formen am Nord- und Südpol fände, da doch jedenfalls, abgesehen von der Temperaturabnahme, auf der Nord- und Südseite der Erde vielfach verschiedene Verhältnisse mitgespielt haben. PFEFFER würde zu seinem gezwungenen Erklärungsversuch nicht veranlasst gewesen sein, wenn er das Axiom der „Aehnlichkeit" der arktisch-borealen mit der antarktisch-notialen Fauna nicht aufgestellt hätte. Mir sind kaum Fälle bekannt, wo wirklich zwischen nördlichen und südlichen Formen eine derartige Aehnlichkeit auffiele. PFEFFER[1]) hat die Verbreitung der antarktischen Uferthiere zusammengestellt. Durchmustert man die Liste, so findet man auf den ersten Blick, dass bipolare Gattungen recht wenige vorhanden sind, bipolare Arten zu den Ausnahmen gehören. Abgesehen davon, dass zwischen den bekannten Localitäten, von denen diese Formen nachgewiesen sind, jeden Augenblick vermittelnde Fundorte entdeckt werden können, müsste vor allen Dingen untersucht werden, welches der Verwandtschaftsgrad der „ähnlichen" Formen ist, und darüber ist in den meisten Fällen noch sehr wenig bekannt. Unsere faunistischen und systematischen Kenntnisse sind noch so lückenhaft, dass wir aus derartigen vereinzelten Nachweisen von identischen oder ähnlichen Formen am Nord- und Südpol noch lange nicht von einer „auffallenden Aehnlichkeit" der Fauna beider Gebiete sprechen können.

Was die Decapoden-Krebse im Speciellen anbelangt, so führt PFEFFER folgende Gattungen an, die nach den Notizen seiner Liste anscheinend eine bipolare Verbreitung haben: *Munida*, *Crangon*, *Hippolyte*. Die sonst noch scheinbar hierher gehörigen Gattungen *Lithodes* und *Pandalus* sind auszuschliessen, da in der Tiefsee die Verbindung hergestellt ist. *Munida* ist nicht bipolar, da es auch in den Tropen litorale Arten der Gattung giebt, und sie in der Tiefsee allgemein verbreitet ist. Ebenso ist *Hippolyte* kosmopolitisch, und gerade die von PFEFFER beschriebene *H. antarctica*[2]) schliesst sich durch den 11-gliedrigen Carpus der 2. Perciopoden gerade an die tropischen Arten (*gibberosa* und *marmorata*), und nicht an die nordischen an[3]). Die von PEEFFER von Süd-Georgien beschriebene *Crangon*-Art hat allerdings ihre nächsten Verwandten im arktischen Gebiet, die Gattung ist also nach unserer jetzigen Kenntnis wirklich bipolar: ich muss aber darauf hinweisen, dass andere sehr nahe stehende Gattungen der *Crangonidae* (z. B. *Pontophilus*) vielfach in der Tiefsee gefunden werden, und es wäre möglich, dass auch für *Crangon* selbst eine Verbindung in der Tiefsee liegt.

Diesem einzigen Beispiel einer bipolaren Decapoden-Gattung stehen Gruppen gegenüber, die auf das antarktisch-notiale Gebiet beschränkt sind. Ich nenne vor allen die Gattung *Iasus* unter den *Palinuridae* und fast die ganze Familie der *Hymenosomidae*. Auch *Halyonychus bipustulatus* und die Gattung *Cyclograpsus* sind hierherzurechnen, wenn sie auch Vorstösse nach Norden machen.

---

Die Unterschiede, die PFEFFER zwischen arktischer und borealer und zwischen antarktischer und notialer Fauna macht, scheinen mir, wenigstens in Bezug auf Decapoden-Krebse, nicht derartige zu sein, dass man diese Gebiete als gleichwerthig z. B. dem Indo-pacifischen coordiniren kann. Ich halte vielmehr das arktische Gebiet nur für einen Theil einer nordisch-circumpolaren Region, welche in drei Gebiete zerfällt: in das eigentliche arktische, welches eine ziemlich stark ausgesprochene Circumpolarität besitzt, und zwei südliche Ausläufer dieses letzteren, einen im Nord-Atlantic, den anderen im Nord-Pacific. Besonders vom Nord-Atlantic sind gewisse Formen bekannt, die dem eigentlichen arktischen Gebiete fehlen (z. B. *Homarus*), aber in der Gesammtmasse der Decapoden-Fauna stehen sich Nord-Atlantic und Arctic so nahe, dass man letzteren nur als einen verkümmerten Theil des ersteren auffassen kann. Noch schwieriger ist es, auf der südlichen Halbkugel ein antarktisches und notiales Gebiet zu unterscheiden. An den Südspitzen der Continente und bei den antarktischen Inseln ist thatsächlich eine eigen-

---

[1]) Die niedere Thierwelt des antarktischen Ufergebietes, Internat. Polarforsch. Deutsch. Exped., II, 1890, p. 520—572.
[2]) Süd-Georgien, Jahrb. Hamburg. Wiss. Anstalt., IV, 1887, p. 51, pl. 1, fig. 22—27.
[3]) Ausserdem ist *Hippolyte* ein Collectivgenus, das offenbar heterogene Elemente enthält. *H. gibberosa* und *marmorata* sind als eigene Gattung: *Saron* von THALLWITZ abgetrennt; *H. antarctica* wird jedenfalls auch eine eigene Gattung bilden müssen.

thümliche Fauna vorhanden, die eine gewisse, aber viel schwächer entwickelte Circumpolarität zeigt: sonst theilt sich diese Fauna aber in Localfaunen [1]).

Wir haben demnach im Litoral der Erde drei Zonen zu unterscheiden, die sich in Folge der klimatischen Differenzirung herausgebildet haben: 1) Eine Arktische Region, mit deutlicher Circumpolarität; 2) eine Antarktische Region mit geringerer Circumpolarität und stärkerer Ausprägung von topographischen localen Bezirken, in Folge der dazwischen liegenden grossen Meeresflächen; 3) eine dazwischen liegende dritte Zone, die man als Circumtropische Region bezeichnen könnte, die aber durchaus nicht einheitlich geblieben ist und kaum noch Spuren einer gürtelförmigen Ausbildung erkennen lässt, sondern sich im Gegentheil in besondere Theile getrennt hat, die wir nach der Verschiedenheit ihrer faunistischen Charaktere sehr gut als Regionen hinstellen können, wenn wir uns nur bewusst bleiben, dass diese Regionen einer anderen Ursache ihre Entstehung verdanken, nicht der primären Ursache der klimatischen Absonderung, sondern der durch diese erst möglich gewordenen topographischen Trennung.

Die beiden grossen Hauptmassen der Continente, die alte und die neue Welt, reichen nördlich und südlich bis in die Arktische und Antarktische Region hinein, andererseits erstrecken sich vom Arctic bis zum Antarctic in meridianer Richtung zwei grosse Wasserflächen, die des Atlantic und des Pacific. Wir haben oben gesehen, dass zunächst Festlandsmassen absolute Schranken für die litoralen Decapoden abgeben, dann aber auch weite Meeresflächen schwer zu überwindende Hindernisse bilden. Wir würden demnach innerhalb des circumtropischen Gürtels vier zusammenhängende Küstenlinien haben, an denen sich getrennt von einander besondere Litoralfaunen entwickeln können: die Ost- und Westseite des (Indo-) Pacific, also einerseits von Süd-Afrika bis Japan, andererseits von Chile bis zur Westküste von Nord-Amerika, und dann die Ost- und Westseite des Atlantic, einerseits West-Afrika, andererseits Brasilien-West-Indien. Die Erfahrung lehrt aber, dass die Wasserfläche des Atlantic nicht genügt, die beiden letzteren Litoralfaunen zu trennen, dass die litoralen Krebse in ihren pelagischen Larven Verbreitungsmittel besitzen, die ihre Ausbreitung von West-Indien und Brasilien nach West-Afrika oder umgekehrt ermöglichen: West-Afrika besitzt der westindisch-brasilianischen Fauna gegenüber kaum irgendwie bemerkenswerthe eigenthümliche Typen. Im Pacific scheinen jedoch der ungeheuren Breite der Wasserfläche zwischen den pacifischen Inseln und der Westküste Amerikas gegenüber die Verbreitungsmittel der Decapoden im Wesentlichen unwirksam zu sein.

Es bleiben somit nur drei tropische Regionen übrig, die sich den beiden oben genannten als 3., 4. und 5. anreihen: 3) die Atlantische Region, welche die Westküste Afrikas sowie die brasilischen und westindischen Küsten umfasst; 4) die West-amerikanische Region, die Westküste Amerikas von den Vereinigten Staaten bis Chile umfassend; 5) die noch näher begrenzte Indo-pacifische Region [2]).

Wir sind aber noch nicht fertig. Es ist kaum anzunehmen, dass diese tropischen Regionen in die nordischen unvermittelt übergehen, sondern wir müssen erwarten, dass dort, wo die Küsten sich in höhere Breiten hinziehen, besondere Verhältnisse eintreten. Im Allgemeinen kann man annehmen, dass zwischen tropischen und nordischen Elementen eine allmähliche Vermischung eintritt, zu denen dann weitere Ele-

---

1) Vgl. Pfeffer, Niedere Thierwelt des antarkt. Ufergebietes p. 360 ff. Daselbst sind folgende 4 Bezirke genannt: Magellansischer, Süd-Georgischer, Kerguelenischer, Aucklandischer, denen als 5. ein Capischer hinzuzufügen wäre.
2) Diese fünf theoretisch, nach klimatischen und topographischen Grenzen construirten Regionen sind auch durch ihre faunistischen Charaktere, soweit unsere Kenntniss reicht, gut geschieden. Für die drei letzteren ist aber zu bemerken, dass zunächst die west-amerikanische Region noch recht wenig bekannt ist, und ferner, dass alle drei gewisse Beziehungen zu einander zeigen, d. h., dass sie gewisse identische Formen enthalten, die weniger kosmopolitisch, dagegen mehr circumtropisch verbreitet erscheinen. Derartige gemeinsame Züge sind vielleicht aus der geologischen Vorgeschichte dieser Regionen herzuleiten, besonders aus dem Umstande, dass sie in früherer Zeit noch um die Südspitze Afrikas kerum die Indo-pacifische Fauna mit der atlantischen communiciren konnte, und eine weitere Verbindung dieser beiden Faunen kann vom Rothen zum Mittelmeer existirt haben. (Vgl. Keller, Die Fauna im Suezkanal etc., 1882, p. 7 ff.) Andererseits ist bekannt, dass zwischen dem atlantischen und west-amerikanischen Litoralgebiet eine topographische Verbindung dadurch vorhanden war, dass die Landenge von Panama zur Alt-Tertiärzeit noch nicht existirte; es mögen sich also gewisse gemeinsame Züge genannter Regionen auf diese früheren Zustände zurückführen lassen. Wegen der ausserordentlichen Schwierigkeiten, die derartige Fälle aber darbieten, weil jeder derselben einzeln untersucht werden müsste, und zwar mit genauer Berücksichtigung der systematischen Verwandtschaftsverhältnisse und der paläontologischen Thatsachen, beschränke ich mich hier darauf, nur die Möglichkeit und Wahrscheinlichkeit des Vorhandenseins derartiger Beziehungen anzudeuten.

mente hinzutreten, die für diese Uebergangsgebiete bezeichnend, als deren Localfauna anzusehen sind. Derartige locale Elemente können sich aber nur da reichhaltig entwickeln, wo die Entwicklung der Küstenlinien, die Flächenausdehnung des Litorals eine besonders ausgedehnte innerhalb dieser intermediären Zonen ist, und nicht da, wo die Küstenlinie einfach und wenig gegliedert ist, und auf eine kurze Strecke hin der Uebergang vom warmen ins kalte Gebiet erfolgt, d. h. wo sich die Küste wesentlich in meridianer Richtung erstreckt. Und gerade dieses letztere Verhältniss tritt meist in den in Frage kommenden Gebieten ein, nämlich zunächst in der Indo-pacifischen Region dort, wo sich die ost-afrikanische Küste nach Süden ins kalte Gebiet erstreckt, sowie an der West- und Ostküste Australiens, ferner in der Atlantischen Region nach Süden an der Westküste Afrikas und an der Ostküste Süd-Amerikas (Brasilien-Argentinien), sowie nach Norden an der Ostküste der Vereinigten Staaten, und schliesslich in den nördlichen und südlichen Grenzgebieten der West-amerikanischen Region. An allen diesen genannten Stellen verlaufen die Küstenlinien im Wesentlichen nord-südlich, sind wenig gegliedert, und es sind somit nicht die Bedingungen gegeben, um reich entwickelte Uebergangs- und Localfaunen sich ausbilden zu lassen, wenn auch solche nicht ganz fehlen mögen. An zwei Stellen der Erde treten aber günstigere Verhältnisse auf: die eine ist der nördliche Grenzbezirk der Atlantischen Region nördlich von der Westküste Afrikas, wo sich der reich gegliederte Meeresabschnitt des Mittelmeeres befindet, die andere Stelle liegt an der nördlichen Grenze der Indo-pacifischen Region an der Ostküste Asiens, wo die japanische Inselwelt ein ungemein reich gegliedertes Litoralgebiet aufweist. Dementsprechend haben sich an beiden Stellen ganz charakteristische Litoralfaunen herausgebildet: die mediterrane und die japanische. Beide sind noch als Theile der sich südlich anschliessenden Atlantischen beziehungsweise Indo-pacifischen Region aufzufassen, nehmen jedoch eine etwas selbständigere Stellung ein, als beliebige andere tropische Gegenden dieser Regionen: als gleichwerthige Regionen lassen sie sich aber nicht abgliedern.

Eine wie oben durchgeführte Begrenzung von marinen litoralen Regionen kann offenbar nicht für alle litoralen Thiergruppen einheitlich durchgeführt werden, und ich muss hier nochmals betonen, dass obige Begrenzung nur für die Decapoden-Krebse gelten soll. Von anderen Thiergruppen werden sich wahrscheinlich einige im Wesentlichen in denselben Rahmen einfügen lassen, es können das aber nur solche sein, die sich den verschiedenen äusseren Lebensbedingungen gegenüber ähnlich verhalten, wie die Decapoden, in ähnlicher Weise sich durch Klima und topographische Verhältnisse in ihrer Ausbreitung behindern lassen und ähnliche Verbreitungsmittel besitzen. Für Thiergruppen, bei denen diese Bedingungen wesentlich anderen Einfluss haben, wird die Verbreitung sich anders gestalten, und es würde eine lohnende Arbeit sein, auch für andere Gruppen derartige Untersuchungen durchzuführen. Auch bei den Decapoden giebt es manche Ausnahmen: abgesehen von den abyssalen und pelagischen Formen finden sich echte Litoralformen, die sich nicht an die oben angegebenen Grenzen der Regionen halten, und die bestimmte Schranken leichter überwinden können. Derartige Formen finden sich in den verschiedensten Gruppen: es ist aber hervorzuheben, dass sie gegenüber der Mehrzahl der litoralen Decapoden, die sich diesen Grenzen fügen, nur eine verschwindende Anzahl ausmachen.

Zum Schluss muss ich noch ein paar Worte über einige ganz eigenthümliche Gruppen von Decapoden-Krebsen sagen, nämlich über die, welche sich an eine subterrestrische Lebensweise oder an das Leben im Süsswasser gewöhnt haben, da für diese Formen offenbar, gemäss ihrer Abstammung von litoralen Formen, ursprünglich die für letztere geltenden Gesetze maassgebend waren, diese aber durch die veränderten Lebensbedingungen modificirt werden konnten.

Unter diesen Formen haben wir zwei Hauptgruppen zu unterscheiden: erstens solche, die sich aus Litoralbewohnern direct zu Landbewohnern umwandelten, zweitens solche, die sich ans Leben im Süsswasser gewöhnten, und unter letzteren finden sich wieder gewisse, die terrestrische Gewohnheiten annahmen.

Einen Uebergang zu den zur ersten Gruppe gehörigen Formen, den *Coenobitidae* und *Gecarcinidae*, bilden in ihren Gewohnheiten gewisse Bewohner der Schorre, die sich gerade unter den Verwandten dieser beiden Familien, unter den *Paguriden* und *Grapsiden* finden, und die sich in ihrer Verbreitung völlig den litoralen Formen anschliessen. Auch andere Schorrenbewohner, die mit den genannten nicht in näherer Beziehung stehen, haben unabhängig von ihnen sich zu theilweisen Landbewohnern ausgebildet, nämlich die meisten *Ocypodiden*, besonders die Gattungen *Gelasimus* und *Ocypode*. Auch sie schliessen sich in ihrer Verbreitung den echten Litoralformen völlig an. Die *Coenobitidae* und *Gecarcinidae* ihrerseits sind als die am allerweitesten ans Landleben angepassten Decapoden anzusehen, und es ist interessant, dass die *Coenobitiden* sich vollkommen so verhalten, wie litorale Krebse: sie sind circumtropisch und zwar ganz charakteristisch für die Indo-pacifische Region bis auf eine Art, die atlantisch (west-indisch) ist. Bei den *Gecarcinidae* liegen die Verhältnisse verwickelter: sie lassen zwar den Einfluss der für die Litoralformen geltenden Gesetze noch erkennen, indem bestimmte Arten Indo-pacifisch, andere atlantisch sind, doch überschreiten sie auch, wie es scheint, die Schranke des amerikanischen Continents, was ihnen jedenfalls nur durch ihre Lebensweise ermöglicht wurde.

Andere Gruppen von Decapoden passten sich ans Süsswasser an. Ueber die auffallendste derselben, die Gattung *Palaemon*, habe ich [1]) eine Studie veröffentlicht, in der eine Verbreitung der Gattung nachgewiesen wurde, die im Wesentlichen, allerdings mit einigen interessanten Modificationen, mit der der litoralen Decapoden sich deckt. Eine andere Süsswassergruppe ist die Familie der *Atyidae*, die aber besondere Verbreitungsverhältnisse darbietet, welche noch näher zu untersuchen sind. Ganz abweichend verhalten sich aber die *Astacidae* [2]) in ihrer geographischen Vertheilung, und es sind die Ursachen dieser Eigenthümlichkeiten noch nicht mit Sicherheit bekannt. Die auffallendsten Thatsachen sind die, dass die Vertheilung der Familie echt bipolar ist, dass auf jeder Erdhälfte eine eigene Unterfamilie vorkommt, und auch die Gattungen ganz eigenthümliche Verhältnisse zeigen, besonders auf der nördlichen Halbkugel.

Auf die in anderen Krebsgruppen vereinzelt vorkommenden Süsswasserformen brauche ich hier nicht einzugehen, da sie keine Verbreitungsanomalieen zeigen.

Was schliesslich diejenigen Süsswasserformen anbetrifft, die sich ihrerseits theilweise ans Landleben gewöhnt haben, die Familie der *Thelphusidae* und die Unterfamilie der *Sesarminae*, besonders die Gattung *Sesarma*, so schliesst sich letztere völlig, soweit mir bekannt, an die litoralen Formen an, während die ersteren Eigenthümlichkeiten zeigen, die einer besonderen Untersuchung bedürfen.

Aus dem allen geht hervor, dass sich bei manchen Land- und Süsswassergruppen ihre Abhängigkeit von den marinen Verbreitungsverhältnissen noch deutlich nachweisen lässt, während bei anderen in Folge der veränderten Lebensweise auch die Gesetze, nach denen sich die Verbreitung gestaltet, einer mehr oder weniger grossen Veränderung unterworfen wurden. Der Schluss dürfte jedenfalls Berechtigung haben, dass diejenigen Süsswasser- und Landformen, die die meisten Eigenthümlichkeiten zeigen und die zu den jetzigen marinen Verbreitungsbezirken keine Beziehungen mehr erkennen lassen, also Formen wie die *Atyidae, Astacidae, Thelphusidae*, dass diese vor geologisch verhältnissmässig langer Zeit, als die jetzigen Zustände des Litorals noch nicht sich ausgebildet hatten, aus dem Litoral auswanderten und sich ans Süsswasserleben anpassten. Diese Familien sind auch als phylogenetisch alte aufzufassen, was für die *Astaciden* und *Atyiden* auch morphologisch sich nachweisen lässt, für die *Thelphusiden* wenigstens beziehungsweise gilt.

---

1) Zool. Jahrb., V, 1891, p. 711–718.
2) Vgl. HUXLEY, Proceed. Zool. Soc. London, 1878, p. 752 ff., und The Crayfisch, 1880. Die speciellen Ansichten HUXLEY'S über die Ursachen dieser eigenthümlichen Verbreitung siehe l. c. 1878, p. 787, und 1880, p. 320 ff. und besonders p. 331 ff. Dieselben wurden jedoch beeinflusst durch unzutreffende Vorstellungen über die Classification der Macruren im Allgemeinen, vgl. l. c. 1878, p. 781 u. 785.

Tafel I.

## Tafel I.

Fig. 1. *Athanas dimorphus* n. spec., ♂, Seitenansicht, ⅔.
„ 1b. Innere Antenne, $\frac{10}{1}$.
„ 1c. Aeussere Antenne, $\frac{10}{1}$.
„ 1d. Mandibel, ca. $\frac{10}{1}$.
„ 1i. Dritter Maxillarfuss, $\frac{10}{1}$.
„ 1k. Erster Pereiopode des ♀, $\frac{6}{1}$.
„ 1l. Zweiter Pereiopode, $\frac{10}{1}$.
„ 1m. Dritter Pereiopode, $\frac{10}{1}$.
„ 1z. Telson und linker Uropode, $\frac{10}{1}$.
„ 2. *Caridina singhalensis* nov. spec. Cephalothorax und dessen Gliedmaassen, ⅔.
„ 3. *Pontonia pinnae* nov. spec., ♀, Dorsalansicht, ⅔.
„ 3a. Seitenansicht des Cephalothorax, ⅔.
„ 3n. Endklaue des vierten Pereiopoden, $\frac{10}{1}$.
„ 4. *Munida semoni* nov. spec., ♂, Dorsalansicht, ⅔.
„ 4i. Dritter Maxillarfuss, links, ca. $\frac{4}{1}$.
„ 5. *Stenorhynchus brevis* nov. spec., Dorsalansicht, ⅔.

Tafel II.

## Tafel II.

Fig. 1. *Penaeus monodon* FABR.. Thelycum des ♂. ♀.
„ 2. *Puer spiniger* nov. spec.. Sternum, ca. ♀.
„ 2 i. Dritter Maxillarfuss. ca. ♀.
„ 3. *Scyllarus elisabethae* nov. spec.. Dorsalansicht, ♀.
„ 3 a. Seitenansicht. ♀.
„ 4 a. *Gebia africana* nov. spec., Scheere von innen. ♀.
„ 4 b. Scheere von aussen, ♀.
„ 5. *Petrolisthes trivirgatus* nov. spec.. Dorsalansicht. ♀.
„ 6. *Pisisoma granulatum* nov. spec., Dorsalansicht, ♀.
„ 7. *Nursia ypsilon* nov. spec., Dorsalansicht. ♀.
„ 8. *Cryptodromia lamellata* nov. spec.. ., Dorsalansicht. ♀.

Tafel III.

# Tafel III.

Fig. 1. *Gebia (Gebiopsis) hexaceras* nov. spec., Stirnrand von oben, ca. ♂.
„ 1k. Rechter Scheerenfuss, von aussen, ♀.
„ 2. *Anacinetops stimpsoni* MIERS, Dorsalansicht, ♀. (Behaarung weggelassen.)
„ 2a. Rechte Hälfte des vorderen Theiles des Cephalothorax von unten, ca. ♀.
„ 3. *Hyastenus brevicornis* nov. spec., Dorsalansicht, ♀. (Behaarung des Cephalothorax und der Beine weggelassen.)
„ 4. *Naxia cerastes* nov. spec., Dorsalansicht, ♀.
„ 4a. Seitenansicht des Cephalothorax, ♀.
„ 5. *Lambrus (Aulacolambrus) lecanora* nov. spec., Dorsalansicht, ♀.
„ 6. *Lambrus (Aulacolambrus) hoplonotus* WHITE, var. *dentifrons* nov., Stirngegend von oben, ♀.
„ 7. *Pilumnus infraciliaris* nov. spec., Dorsalansicht, ♀. (Die Behaarung ist auf der einen Hälfte des Cephalothorax weggelassen.)
„ 7a. Orbita und angrenzende Theile, von vorn, ca. ♂.
„ 8. *Cycloblepas semoni* nov. gen. nov. spec., Dorsalansicht, sehr schwach vergr.
„ 8a. Stirngegend, von vorn gesehen, ♀.
„ 8k. Rechte Scheere von aussen, ♀.

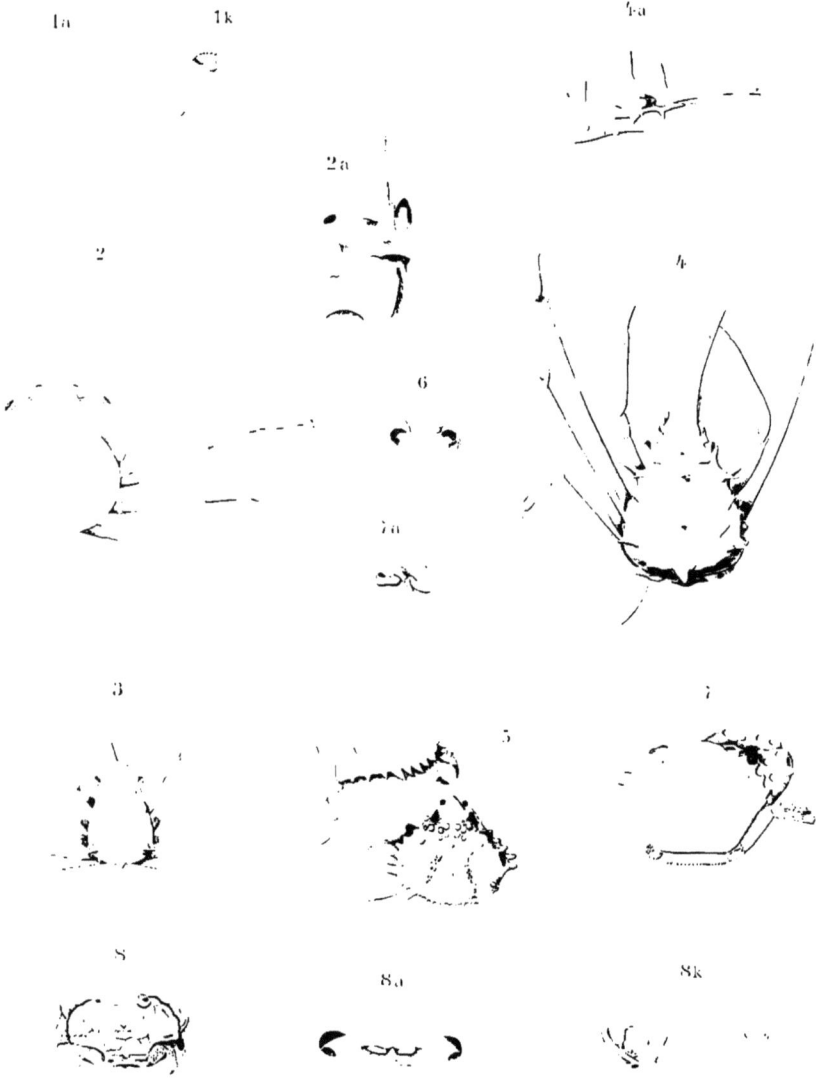